DROIT ROMAIN

DE LA RESPONSABILITÉ DU PRÉPOSANT

A RAISON DES FAITS

ET DES ACTES DE SON *INSTITOR*

DROIT FRANÇAIS

DU RÉGIME FORESTIER

ET DES BOIS COMMUNAUX

THÈSE POUR LE DOCTORAT

L'ACTE PUBLIC SUR LES MATIÈRES CI-DESSUS

Sera soutenu le Mercredi 12 juin, à 1 heure

PAR

Charles BRASSEUR

Président : M. HENRY MICHEL, *professeur.*

MM. CHAVEGRIN, *professeur.*

Suffragants : CUQ, *agrégé.*

CHÉNON, *agrégé*

PARIS

A. PEDONE, EDITEUR

LIBRAIRIE DE LA COUR D'APPEL ET DE L'ORDRE DES AVOCATS

13, rue Soufflot, 13

1895

THÈSE

POUR

LE DOCTORAT

FACULTÉ DE DROIT DE PARIS

DROIT ROMAIN

DE LA RESPONSABILITÉ DU PRÉPOSANT
A RAISON DES FAITS
ET DES ACTES DE SON *INSTITOR*

DROIT FRANÇAIS

DU RÉGIME FORESTIER
ET DES BOIS COMMUNAUX

THÈSE POUR LE DOCTORAT
L'ACTE PUBLIC SUR LES MATIÈRES CI-DESSUS
Sera soutenu le Mercredi 12 Juin, à 1 heure

PAR

Charles BRASSEUR

Président :   M. HENRY MICHEL, *professeur.*

Suffragants
(MM. CHAVEGRIN, *professeur.*
  CUQ, *agrégé.*
(CHÉNON, *agrégé.*

PARIS

A. PEDONE, EDITEUR

LIBRAIRIE DE LA COUR D'APPEL ET DE L'ORDRE DES AVOCATS
13, rue Soufflot, 13

1895

—

DE LA RESPONSABILITÉ DU PRÉPOSANT

A RAISON DES FAITS ET DES ACTES DE SON *INSTITOR*

EXPOSÉ SOMMAIRE

Quand nous voulons accomplir un acte juridique, nous avons d'ordinaire, sous notre législation, le choix entre deux moyens : l'accomplir nous-mêmes ou par un mandataire. On appelle ainsi toute personne investie du pouvoir d'en représenter une autre et d'agir en son nom.

Le mandataire, qui s'emploie aujourd'hui si fréquemment, nous permet de contracter toutes espèces d'obligations sur place ou à distance : il est notre porte-parole, il transmet nos offres et nos demandes, il nous rend présents à l'opération dont il s'est chargé et ne fait que représenter le mandant, qui seul est obligé ; il s'efface ainsi absolument pour que ce soit sur la tête de celui dont il tient sa mission que se fixent immédiatement les effets du contrat.

Qui mandat ipse fecisse videtur. Bref, il n'est qu'un instrument, ou, comme on l'a dit, un échafaudage qui devient inutile après la construction de l'édifice. Grâce à lui, les relations entre individus se trouvent singulièrement facilitées, les rapports juridiques simplifiés et étendus.

En était-il de même sous la législation romaine ? Nullement.

Nous en recherchérons les raisons.

Nous essayerons d'expliquer cette absence de représentation dans les temps primitifs de Rome. Nous passerons rapidement en revue les innovations du préteur, qui, par ses réformes pratiques dans toutes les branches du droit civil, permit à l'équité de prendre une place de plus en plus large dans les relations entre citoyens, au fur et à mesure des progrès de la civilisation.

Après avoir indiqué ceux qui peuvent être préposants et préposés, nous examinerons en détail leurs obligations réciproques, telles qu'elles résultent de la théorie de l'action *institoria* ; puis nous dégagerons les principes de la responsabilité des mandants à raison des contrats et quasi-contrats, des délits et quasi-délits des mandataires.

De là nous passerons aux rapports des mandants et des tiers.

Après quoi, nous nous demanderons si, dans le dernier état du droit romain et dans le droit de Justinien, en présence des textes qui paraissent supprimer toutes les entraves et faire peser directement sur le préposant les conséquences des actes du préposé, il nous est permis de conclure à l'existence de la vraie représentation.

CHAPITRE I.

DE L'INEXISTENCE DE LA REPRÉSENTATION A L'ORIGINE DE ROME.

Il y avait à Rome plusieurs catégories de personnes parmi lesquelles on avait la faculté de prendre des mandataires : c'étaient les *alieni juris* et les *sui juris*, les personnes en puissance et les *personæ extraneæ*.

Mais, quel que fût le choix fait par le citoyen romain que l'âge, la maladie, l'éloignement ou toute autre cause, empêchait d'accomplir lui-même un acte juridique, les textes nous apprennent que, dans aucun cas, la représentation du mandant par son mandataire ne pouvait se produire. (Paul, V, II, § 2. — D., loi 26, 45, I. — Paul, D., loi 11, 44, 7) (1).

1. Paul, V, II, § 2 : *Per liberas personas quæ in potestate nostra non sunt, adquiri nobis nihil potest.*

D., loi 26, 45, 1 : *Per liberam personam quæ neque juri nostro subjecta est, neque bona fide nobis servit, obligationem nullam adquirere possumus.*

Paul, D., loi 11, 44, 7 : *Quæcumque gerimus, cùm ex nostro contractu originem trahunt, nisi ex nostra persona obligationis initium sumant, inanem actum nostrum efficiunt ; et ideo neque stipulari, neque emere, vendere, contrahere, ut alter suo nomin recte agat, possumus.*

Cela se comprend et s'explique facilement.

Les Romains n'atteignirent pas en quelques années à ce haut degré de civilisation qu'on se plaît à admirer chez eux vers la fin de la République ainsi que sous l'Empire. Leurs mœurs furent, pendant plusieurs siècles, barbares et grossières : début inévitable de tout peuple naissant. Une fois établis dans le Latium, ils n'eurent longtemps qu'un objectif, étendre leur domination ; qu'une seule passion, triompher de leurs voisins, s'enrichir de butin et sans cesse augmenter leurs conquêtes ; qu'une grande occupation, repousser les attaques de ceux que l'audace de leurs entreprises irritait et qu'animait le désir d'exercer de justes représailles. De là une continuelle prédominance de la guerre sur toute espèce de travail. L'agriculture échappa, néanmoins, au mépris de cette tribu de guerriers, parce qu'elle était indispensable à la satisfaction des besoins de l'existence, et aussi parce que Romulus, au dire des historiens, n'avait permis à ses sujets que la carrière des armes et la culture des champs.

Dans de pareilles conditions, les rapports de la vie juridique n'étaient pas bien nombreux. Ils s'imposaient cependant à ces soldats, habitués à quitter la charrue pour courir au combat, comme ils s'imposent à tous les individus vivant en société ; ils provoquaient des engagements réciproques, des conventions, des contrats, qu'il était nécessaire de former. Alors se dressaient une foule de difficultés.

« Loin de se réduire, comme aujourd'hui, à un simple accord de volontés, sanctionné par la loi, les contrats se matérialisaient, ressemblaient à de véritables petits drames s'accomplissant avec des formalités compliquées, destinées à frapper non seulement l'attention des contractants, mais celle des nombreux témoins dont devait s'entourer le Romain, à chaque pas qu'il faisait sur le domaine juridique. Dans la nécessité de se lier par une obligation ou d'en faire naître une à son profit, voulait-il contracter un engagement, il fallait qu'il fût attentif à employer les formules rigoureusement prescrites. Malheur à lui, s'il se trompait : la violation d'une seule des règles établies par l'usage entraînait la nullité de la convention. » On connaît les conditions étroites exigées pour la formation des contrats de stipulation, de mancipation, d'*in jure cessio*, pour le *nexum*, cette façon de contracter qui aurait seule existé au début, d'après le dire erroné de certains auteurs, — et qui aurait engendré toutes les autres.

L'une des raisons de ce formalisme à outrance était le besoin de preuve. On comprend sans difficulté l'inhabileté des premiers Romains à manier le stylet, à préciser dans des écrits les termes d'une convention : *raræ per ea tempora erant litteræ*, dit l'historien Tite-Live. Il fallait remplacer l'écriture par des actes extérieurs et sensibles, afin d'atteindre le but que nous atteignons aujourd'hui par l'intervention du notaire, de l'huissier, de l'administration de l'enregistrement, etc. Ces actes constituaient une preuve toute faite de l'opération qu'on avait en vue. Ils servaient à écarter toute incertitude, toute équivoque dans l'expression de la volonté des parties. C'était pour le magistrat le seul moyen de savoir quand et comment l'autorité publique devait accorder sa garantie à celui qui l'invoquait.

Il eût été étrange qu'au milieu de toutes ces solennités, on admît la représentation par autrui, cette fiction subtile qui suppose un développement consommé de la vie juridique. Dans l'état peu avancé de la civilisation romaine, la non représentation se concevait bien mieux; elle était plus naturelle, et le contraire eût été un non sens.

En outre, comme la volonté de l'homme est l'élément fondamental du droit, la première conviction que nous trouvons en nous est que nous ne pouvons vouloir que pour nous-mêmes, jamais pour d'autres. Il nous paraît évident, à première vue, que par nos actes personnels nous ne devons créer directement des droits qu'en notre faveur ou à notre charge. C'est ce qui explique qu'à l'origine, comme le dit Ihéring, « l'acte juridique est absolument indivisible, le principe de la représentation n'étant pas autre chose que le principe de la séparation de la cause et de l'effet : la cause, l'action, concerne la personne du représentant; l'effet, le droit, concerne le représenté. Il y a donc là séparation artificielle de ce qui dans l'état naturel du rapport est un. De nos jours, les actes ne sont que des mélanges confus des notions les plus diverses ; toutes les idées s'y entrecroisent. Les actes romains, au contraire, sont des individualités. Ils sont exactement limités quant au contenu et inhabiles à recevoir autre chose. Ils se fixent aussitôt dans toutes leurs parties et deviennent invariables. Ils repoussent toute addition ultérieure ; ils ne souffrent ni indécision ni indétermination ; ils résistent à toute suspension de leurs effets. »

Une autre justification de la non existence de la représentation se trouve dans le lent développement du commerce chez les Romains. C'est en effet dans les transactions commerciales que l'emploi du mandataire présente la plus grande utilité.

L'Italie se suffit longtemps à elle-même avec son agriculture, et la vie des affaires, vue avec défaveur par les patriciens « majestueusement drapés dans les plis de leurs toges », était tout au plus considérée comme un lot digne des esclaves. Dans son *De Officiis*, Cicéron exprime bien cette manière de voir, lorsqu'il déclare que le commerce en détail est une véritable école de mensonges, et que le commerce maritime mérite seul un peu d'indulgence. Il est intéressant de noter, en passant, que les mêmes préjugés s'emparèrent en France de la noblesse, traversèrent tout le moyen-âge, et persistèrent sous la monarchie, pour ne disparaître qu'avec la révolution.

On a prétendu puiser une autre explication dans la constitution spéciale de la famille romaine, dont les membres, d'ordinaire si nombreux, étroitement rangés sous la puissance d'un véritable souverain, du *pater-familias*, formaient, a-t-on dit, autant de représentants naturels qui excluaient presque l'emploi de tous autres mandataires. Il est incontestable que les *alieni juris*, — descendants, adoptés, adrogés et esclaves, — pouvaient acquérir au chef de famille. Mais ce serait une erreur de croire que cela s'expliquait par l'idée de représentation. Les *alieni juris* se confondaient entièrement dans la personne du *paterfamilias* ; l'esclave n'agissait qu'*ex persona domini* ; il était un véritable instrument (1) ; le fils, malgré une certaine capacité que lui reconnaissait le droit civil, voyait ses biens sous la dépendance de son père, et sa personne était à ce point absorbée dans celle de son auteur, que celui-ci était censé traiter lui-même, parler par la bouche de son descendant (2). Aussi l'acquisition allait-elle directement au maître. Ulpien nous l'apprend en termes très précis dans le fragment 70, 29, 2, au Digeste (3).

Cette constitution de la famille ne servait donc pas à suppléer à la représentation, elle n'avait qu'un but, l'unité du patrimoine. Ce qui le prouve, c'est que si les *alieni juris* acquéraient au *paterfamilias*, ils ne l'obligeaient en aucune façon par leurs actes. Non pas qu'il lui fût permis de dépouiller les tiers suivant son bon plaisir, en exigeant d'eux le paiement de la créance engendrée soit par le fait de son fils, soit par le fait de son esclave, sans leur procurer l'avantage correspondant résultant des conventions. Les Romains n'ont jamais consacré cette injustice. Mais le maître avait le

1. Institutes, 3, 17 : *Hoc enim vobis et ignorantibus et invitis obvenit.*

2. Institutes, III, 19, § 4 : *Filii vox tanquam tua intelligitur.*

3. Ulp., D., 70, 29, 2 : *Placet quoties adquiritur per aliquem hereditas, vel quid aliud ei, cujus quis in potestate est, confestim adquiri ei, cujus est in potestate ; neque momento subsistere in persona ejus per quem adquiritur.*

contrat à son entière disposition. Libre à lui de le ratifier ou de l'annihiler, suivant qu'il y voyait ou non son intérêt. La position des tiers était dès lors très périlleuse : sans débiteurs certains, ils se trouvaient en présence de personnes insolvables. Car il était impossible au *servus* de posséder un patrimoine propre pour répondre de ses engagements ; son obligation n'était, d'ailleurs, que *naturelle*, même après l'affranchissement, et non *civile* ; il ne pouvait donc jamais être actionné en justice. *In personam servilem nulla cadit obligatio*, nous dit Ulpien ; *servi ex contractibus civiliter non obligantur, sed naturaliter obligantur et obligant*, voyons-nous dans le fragment 14, 44, 7, D.

Le fils de famille en puissance offrait aussi peu de prise que l'esclave aux réclamations de ses créanciers. Toutefois l'exécution de ses obligations pouvait s'obtenir après son émancipation ou quand il possédait un petit patrimoine, ce qui lui fut permis après l'institution des pécules. D'ailleurs, si les tiers souffraient de ces règles rigoureuses, le *paterfamilias* en subissait le contre-coup : son crédit s'en trouvait nécessairement amoindri et le champ des conventions était réduit à d'étroites limites.

Il n'est pas inutile de faire observer en outre que, pour acquérir par l'entremise des descendants et des esclaves, il était nécessaire d'avoir des descendants, il fallait être un citoyen assez riche pour posséder une *familia*. Le célibataire, le citoyen pauvre, n'auraient pas eu le moyen de se faire remplacer dans l'accomplissement d'un acte juridique, si les enfants et les esclaves avaient été des auxiliaires indispensables, seuls capables de jouer le rôle de mandataires.

Si avec les *alieni juris* il n'y avait pas de représentation, on n'en rencontrait pas davantage lorsque le mandataire était *sui juris, persona extranea*. Car si le contrat de mandat se pratiquait à Rome, il se présentait avec des effets tout à fait différents de ceux que nous lui faisons produire de nos jours. Le mandataire agissait seul ; sur lui seul se fixaient toutes les conséquences de ses actes. Etait-il débiteur, c'était lui l'obligé; pas de poursuite ouverte contre le mandant. Etait-il créancier, le mandant ne l'était pas. Entre le mandant et les tiers son opération était *res inter alios acta*.

S'ils étaient dans une position plus favorable qu'en traitant avec une personne *alieni juris*, les tiers qui avaient devant eux un agent, un contractant capable, c'est-à-dire *sui juris*, quelqu'un, en un mot, qu'ils pouvaient poursuivre et contraindre à remplir son engagement, il y avait pourtant des cas où ils se heurtaient à de graves inconvénients, par exemple, quand le mandataire était un insolvable. Sans doute la prudence leur commandait de se faire donner des cautions, mais, outre que les fidéjusseurs étaient parfois difficiles à trouver, il fallait remplir certaines formalités pendant lesquelles s'évanouissaient souvent toutes les espérances d'un contrat à former.

Mais c'était surtout la situation du mandant qui était critique. S'il voulait bénéficier des avantages de l'acte

du mandataire, à l'opération faite par ce dernier il
était nécessaire d'en faire succéder une seconde, pour
permettre à la première de passer sur la tête de ce
mandant. Le mandataire avait à lui céder ses actions
contre les tiers contractants. On recourut tout d'abord
à la stipulation : le cessionnaire réclamait au cédé la
chose promise, mais il avait à craindre le refus du débiteur, et ce refus, il l'essuyait quelquefois. Avec le
système de la procédure formulaire disparut cet inconvénient, mais d'autres dangers surgirent. Quand, avec
la *procuratio in rem suam*, celui qui avait donné au
mandataire mission de contracter avait reçu de ce représentant mandat d'actionner le tiers en son lieu et
place, et cela avec dispense de lui rendre aucun
compte, le mandant intentait l'action nécessaire et, à
partir de la *litis contestatio*, la créance devenait
sienne. Mais jusque-là il restait le jouet de la mauvaise
foi du cédant, qui, demeurant toujours créancier, pouvait soit révoquer la *procuratio*, soit toucher la créance
du débiteur, qui s'armait, à la suite du payement, vis-
à-vis du cessionnaire, des exceptions acquises contre
le cédant lui-même. La mort du cédant ou du cessionnaire arrivant avant la *litis contestatio* avait aussi pour
effet de faire tomber cette cession d'actions. Sur la
fin de l'époque classique, le législateur réalisa en cette
matière de nombreuses et importantes améliorations;
mais nous verrons que, depuis longtemps déjà, s'é-
taient produites des innovations prétoriennes qui en-
levaient presque tout son intérêt à la *procuratio in*

rem suam, en tant qu'elle était employée pour corriger le manque de représentation.

Nous ajouterons que le mandataire lui-même courait les risques les plus sérieux avec une pareille application du mandat. Lorsqu'il avait contracté une obligation dans l'intérêt de son mandant, l'insolvabilité de ce dernier enlevait toute utilité à son action *mandati contraria* en remboursement de ce qu'il avait avancé ; à lui seul incombait l'exécution intégrale de l'engagement qu'il avait pris à l'égard des tiers.

CHAPITRE II

INNOVATIONS PRÉTORIENNES

Le préteur s'était donné l'importante mission de tempérer les rigueurs du droit civil. Sans anéantir brusquement les anciens principes, il réussit à introduire dans la pratique des réformes dont l'urgence s'imposait d'autant plus que les Romains avaient étendu le champ de leurs relations commerciales, en portant leurs armes victorieuses au-delà des frontières de l'Italie. Comme dit Michelet, « le préteur se tourmenta et tourmenta la langue ; il rusa avec le vieux texte ; il arracha à l'impitoyable airain des pensées de douceur et d'équité qui n'y furent jamais. »

Il créa les actions *quod jussu, de peculio, de in rem verso*, les actions *exercitoria* et *institoria*, qu'il accorda, suivant les circonstances, contre le *paterfamilias*, dont le sujet avait contracté des obligations.

Nombreux étaient les cas où intervenait un *jussum*. Le mariage donnait lieu au *jussum parentis* ; en matière de novation, ce mot était synonyme de délégation ; il correspondait à une invitation plutôt qu'à un ordre, car si l'on comprend bien un créancier imposant une chose à son débiteur, la logique se refuse à voir un débiteur donnant des ordres à son créancier. Le *jussum adire hereditatem* impliquait pour le *dominus* la volonté de subir les conséquences de l'acceptation de la succession échue à son esclave.

C'est très vraisemblablement de l'extension de cette notion du *jussum* que naquit l'action *quod jussu*. Le *jussum* se concevait bien antérieurement à l'engagement de l'*alieni juris*. Donné postérieurement, il s'expliquait par l'idée de ratification de l'acte passé, et la ratification équivalait à un mandat. En chargeant l'*alieni juris* d'une opération juridique quelconque, le chef de famille était censé contracter pour ainsi dire lui-même et les tiers suivaient entièrement sa foi, comme le démontre la loi 1, *principium*, du titre *quod jussu*. Mais il ne faudrait pas exagérer la portée de ce texte et faire abstraction complète de l'intermédiaire. Sans aucun doute, il continuait à se trouver lié directement et personnellement, en sa qualité de principal obligé ; son engagement restait toujours sanctionné par les actions de droit commun. Seulement, pour mettre les tiers créanciers à l'abri de tout danger d'insolvabilité de la part des *alieni juris*, peu contraignables par corps, la réforme leur accordait deux débiteurs à leur choix : ils pouvaient désormais diriger leur poursuite, suivant leur intérêt, soit contre le mandataire, soit contre le mandant, et ce mandant était tenu *in solidum*, c'est-à-dire de l'exécution intégrale de l'obligation de son intermédiaire.

Comme la confiance résulte de la facilité et de l'étendue des recours que la loi met à la disposition des contractants, les transactions prirent un nouvel et rapide essor à la suite de cette heureuse innovation.

Lorsque le *dominus* chargeait son esclave de l'administration d'un pécule, il semblait bien qu'il voulait en prendre d'avance toutes les conséquences à sa charge, qu'il lui permettait par là de l'obliger personnellement vis-à-vis des tiers, du moins dans la mesure de la portion de patrimoine qu'il lui avait mise entre les mains. L'action *de peculio* l'engageait par suite *intra vires peculii* ; mais il bénéficiait de quelques privilèges : d'abord, s'il s'élevait des discussions, il lui était possible de les écarter toutes par l'abandon immédiat du pécule aux réclamants ; en outre, en vertu d'une sorte de présomption de diligence qui lui faisait primer tous les autres créanciers, il prélevait, avant tout partage, sur l'actif qu'il avait confié au *servus* le montant intégral de ses créances personnelles. Dans beaucoup de cas, ressortait l'insuffisance de ce recours, et spécialement lorsque le maître avait repris sans dol le pécule, lorsque le premier occupant l'avait épuisé, lorsqu'il y avait prescription de l'action *de peculio*.

Comme l'équité s'oppose à tout enrichissement sans cause, le préteur compléta sa réforme en donnant contre le chef de famille l'action *de in rem verso*. En faveur du commerce, qui continuait à solliciter la bienveillante attention du législateur, il parvint même à supprimer les privilèges dont nous avons parlé plus haut à propos de l'action *de peculio*. Plus de distinction désormais entre le maître du pécule et les tiers, plus de prélèvements avant partage, un seul et même dividende était accordé à chacun, et on autorisait le créancier qui se croyait lésé à intenter une autre action, l'action *tributoria*, contre le *dominus* répartiteur de l'actif. Seul le droit d'abandonner le pécule subsistait en faveur du maître désireux de liquider plus rapidement la situation.

De toutes ces actions, c'était donc l'action *quod jussu* qui offrait le recours le plus étendu et le plus sûr, puisque le *paterfamilias* était tenu *in solidum* et qu'on ne s'intéressait aucunement à ses créances personnelles contre les *alieni juris*, ses mandataires.

Mais, avec le développement des transactions, l'accomplissement des actes de commerce se trouvait encore entravé, même après la création de cette action. L'ordre de contracter donné par le chef de famille s'imposait dans chaque cas particulier, pour chaque opération distincte, et il arrivait fréquemment que l'éloignement du mandataire nuisait au renouvellement du *jussum*. Il était de toute nécessité qu'une autorisation générale de contracter vînt dispenser l'intermédiaire de reprendre aussi souvent contact avec son mandant.

Pour faire disparaître toutes les difficultés, on obtint du préteur les actions *exercitoria* et *institoria* ; la première donnée contre l'armateur ou *exercitor*, à raison des faits et des actes du *magister navis* ou capitaine ; la seconde, contre le préposant, à raison des faits et des actes de l'*institor*, c'est-à-dire du préposé à toute entreprise terrestre.

L'autorisation d'agir conservait toute sa vigueur jusqu'à la révocation du mandat. Les tiers sollicités à contracter voyaient s'évanouir toutes leurs craintes devant le recours *in solidum*, qui leur était ouvert contre les maîtres de leur co-contractants. Et s'il est vraisemblable que jusqu'ici le préteur n'avait songé qu'aux représentants en puissance, comme tendent à le prouver les paragraphes 70 et 7 du commentaire IV de Gaïus et le paragraphe 2, livre IV, titre 7, des Institutes de Justinien, peu importait désormais la condition juridique du mandataire; peu importait qu'il fût *alieni juris* ou personne libre, puisque la solvabilité du préposant écartait tout danger et devait servir à couvrir l'insolvabilité du préposé.

Une fois le premier pas fait dans la voie des innovations, il eût été illogique de s'arrêter et de s'en tenir aux seules hypothèses du *magister navis* et de l'*institor*. Tôt ou tard devait attirer l'attention le simple *procurator*, le mandataire employé dans un cas isolé, pour une opération unique. En quoi différait-il en effet du capitaine et de l'*institor* ? Comme eux, n'opérait-il pas pour le compte d'autrui ? Comme eux, n'était-il pas désigné à la confiance des tiers? Si, d'un côté, les avantages des contrats du représentant passaient au représenté pour qu'il prît en même temps à sa charge les obligations qui en étaient les inévitables conséquences, pourquoi, de l'autre, n'en aurait-il pas été de même ? L'intérêt général le commandait ; aussi la réforme se fit-elle, quoique timidement. Les créanciers du simple *procurator* obtinrent le droit de poursuivre le mandant, mais, loin de créer des voies de recours spéciales, on se borna à étendre en leur faveur l'application des actions prétoriennes que nous avons examinées ci-dessus. On mit à leur disposition une *actio quasi institoria*, ou *institoria utilis* ou *ad exemplum institoriæ*, même pour le cas où ils auraient devant eux un mandataire parfaitement solvable. Cela ressort clairement du texte suivant de Papinien (Dig., frag. 19, princ. 14, 3) : *In eum qui mutuis accipiendis pecuniis procuratorem proposuit, utilis ad exemplum institoriæ dabitur actio : quod æque faciendum erit etsi procurator solvendo sit, qui stipulanti pecuniam promisit.*

CHAPITRE III.

ACTION *INSTITORIA*.

Si nous recherchons maintenant dans quel ordre se sont opérées toutes les transformations dues au préteur, il est permis de décider, avec les paragraphes 70 et 71 du commentaire IV de Gaïus, que les actions *quod jussu*, *de peculio*, *de in rem verso*, ont précédé les actions *exercitoria* et *institoria* (1). Gaïus déclare très nettement que, pour les créer, le législateur s'inspira du principe sur lequel il avait fondé l'action *quod jussu*.

Ce point élucidé, il reste à se demander si l'action *exercitoria* a suivi ou précédé l'action *institoria*.

Nous croyons, avec la majorité des auteurs, qu'il est permis de conclure à la postériorité de l'action *institoria*. Au Digeste, le titre concernant cette action, est placé après celui qui s'occupe de l'*exercitor* et du ma-

1. Gaïus, C., IV, § 70, 71 : *In primis itaque, si jussu patris dominive negotium gestum erit, in solidum prætor actionem in patrem dominumve comparavit, et recte quia qui ita negotium gerit, magis patris dominive, quam filii servire fidem sequitur.*

Eademque ratione comparavit duas alias actiones, exercitoriam et institoriam.

gister navis. De nombreux textes, quand ils la donnent aux tiers, ont toujours soin d'ajouter *exemplo exercitoriæ actionis*. C'est ce que l'on peut constater, par exemple, dans les lois 7, § 1, 13, § 2, du livre **XIV**, titre 3. D'ailleurs, et ceci est, à notre avis, le meilleur argument à présenter sur la question, l'action exercitoire est une action spéciale, visant un cas unique, la *præpositio* du *magister* à la conduite du navire. Elle n'est relative qu'au commerce maritime, pour lequel le besoin de réformes a dû se faire sentir bien plus vivement et rapidement que pour le commerce sur terre. L'action institoire, au contraire, se distingue de la précédente par son étendue, sa généralité, attendu qu'elle embrasse toutes les entreprises terrestres. Si elle était apparue la première, il n'y aurait pas eu, ce semble, de bonnes raisons à invoquer pour ne pas l'appliquer au cas de l'*exercitor*, qu'elle comprend implicitement. L'antériorité de l'action *exercitoria* paraît donc évidente.

En vain a-t-on voulu repousser cette opinion en s'appuyant sur ce texte d'Ulpien : *æquum fuit eum, qui magistrum navi imposuit, teneri, ut tenetur qui institorem tabernæ vel negotio præposuit*. Il est à remarquer que ce jurisconsulte se contente là de comparer le capitaine du navire et l'*institor*, et surtout qu'à un autre endroit, il renouvelle la même comparaison dans un ordre tout à fait inverse (D., XIV, I, 1, princ., D., XIV, III, 7, § 1).

Sans nous arrêter plus longtemps à la fixation de la date certaine de notre voie de recours, qu'il nous suf-

flse d'ajouter que l'action *excercitoria* se place nécessairement après la loi *Æbutia*, qui a établi la procédure formulaire entre les années 577 et 583 de la fon-
dation de Rome.

Précisons maintenant l'importance et la nature de
l'action institoire. Ce n'était pas l'action directe née du
contrat qui continuait à conserver son rôle ordinaire et
à ne pouvoir s'exercer que contre le véritable obligé,
le préposé. Ce n'était pas non plus une action nouvelle.
Le législateur avait tout simplement pris l'action de
droit commun, à laquelle il avait fait subir une légère
modification pour que le juge pût prononcer une condamnation contre le préposant, malgré son absence lors
de la conclusion du contrat. *Non transfertur actio sed
adjicitur*, déclarent les textes. L'action de droit commun et l'action institoire avaient toutes deux la même
intentio ; seule la *condemnatio* de la seconde renfer-
mait le nom du maître que l'on voulait poursuivre. De
là la dénomination, adoptée par les auteurs, d'action à
formule *in jus* avec transposition de noms.

Il s'est élevé des contestations sérieuses sur le point
de savoir comment un esclave, incapable de s'obliger
civilement, pouvait voir son nom figurer dans l'*intentio*
de la formule d'une action. On a proposé plusieurs explications. Les uns ont prétendu que le juge avait à
envisager l'obligation, objet du procès qui lui était
soumis, comme si elle avait été contractée par le maître en personne. Les autres, avec Vénuleius, ont décidé que le préteur avait introduit dans la formule une
action permettant au juge de statuer sur le procès

comme si l'esclave était un homme libre (*si liber fuis-
set*). Cette seconde opinion a emporté la majorité des
suffrages et nous n'hésitons pas à nous y rallier.

Par l'action institoire et par l'action directe née du
contrat, les tiers créanciers atteignaient absolument
le même but. On se rappelle que le mandant était tenu
in solidum à raison de l'engagement de son mandataire. Mais les tiers qui étaient autorisés à faire valoir
leur droit en justice soit contre le fils de famille préposé, soit contre le *paterfamilias*, suivant leur intérêt,
ne pouvaient les poursuivre successivement pour la
même obligation, à peine de *deducere in judicium*
deux fois la même question et de se voir débouter de
leur seconde demande.

Tel était l'état de la législation à l'époque classique
du droit romain. La dualité d'action, voilà à quoi avaient
abouti tous les efforts. Toujours subsistait l'idée de non
représentation et les anciens principes, quoique ébran-
lés, étaient encore respectés. Si le mandant était désormais exposé aux attaques des créanciers, le mandataire ne s'effaçait toujours pas.

CHAPITRE IV

DU PRÉPOSANT

Qui pouvait préposer un *institor* à une entreprise, à un commerce ? Cette faculté appartenait-elle à tout le monde ou était-elle restreinte, et, en cas de restriction, quelle était l'étendue de la capacité exigée par la loi ? Telle est la question que nous allons maintenant examiner.

C'est du préposant qu'émanait le *jussum*, *jussum* qui s'adressait, on le sait déjà, autant aux tiers qu'au préposé, pour leur inspirer confiance et les engager à contracter avec l'*institor*. Le préposant leur annonçait que, derrière ce dernier, il se tenait lui-même avec son crédit personnel pour garantir leurs créances.

Avant d'énumérer les diverses classes de préposants, il n'est pas inutile de noter que la nécessité de préposer s'imposait dans certains cas. Sans revenir ici sur l'opinion des historiens, de tous ceux qui nous montrent la répugnance qu'avaient pour les affaires ces Romains destinés à faire des guerriers et des laboureurs plutôt que des trafiquants, nous dirons qu'avec le temps et aussi grâce aux conquêtes, les préjugés s'étaient évanouis, que l'amour du luxe et les habitudes de bien-être, encouragés par les exemples des peuples de l'Orient, avaient peu à peu dirigé vers le négoce, source précieuse de richesses, de nombreuses et ardentes convoitises. Nous rappellerons qu'on s'était cru obligé d'interdire par les lois *Julia* et *Claudia* le commerce aux sénateurs, aux chevaliers et aux grands fonctionnaires de l'Empire. On avait redouté avec raison les abus d'influence, les spéculations de tout genre auxquelles se seraient laissé entraîner trop facilement ces privilégiés de la société, si le législateur n'y avait pas pris garde. (Mommsen, *Histoire romaine*, chapitre 12). Cette interdiction, qui visait directement le commerce maritime, on peut, ce semble, l'étendre, en se fondant sur les mêmes craintes, au commerce terrestre. Pour ces patriciens, il n'y avait donc d'autres moyens de réaliser les bénéfices des entreprises commerciales que de se servir de l'intermédiaire des capitaines et des *institores*.

Le préposant par excellence était le *paterfamilias*. Son choix d'un *institor* pouvait porter, à sa volonté, sur l'un de ses esclaves ou de ses enfants, sur l'esclave d'autrui ou sur une personne libre.

L'impubère préposait également lorsqu'il était muni de l'*auctoritas tutoris* (1). Cependant, quand le tuteur n'était pas intervenu à la *præpositio*, on donnait aux

1. *Verum si pupillus præposuerit, si quidem tutoris auctoritate, obligabitur, si minus non.* Dig.,loi 9, XIV, III.

tiers contre l'incapable une action *quatenus locupletior factus esset*, si de l'acte passé par son *institor* il était résulté pour ce mineur incapable un avantage pécuniaire, existant encore lors de la réclamation de ces tiers créanciers.

Remarquons, en passant, une bizarrerie de la législation romaine. Avec le concours du tuteur, l'impubère constituait valablement un *institor ;* mais, dans les mêmes conditions, il lui était impossible de concéder un pécule à son esclave. Bien plus, cette concession de pécule en faveur du pupille était refusée au tuteur lui-même. L'action *de peculio* conduisait cependant à des résultats moins graves que l'action institoire, puisque le maître n'était tenu qu'*intra vires peculii*. Il est bien entendu que par là nous ne voulons pas dire que l'action *de peculio* n'obligeait en aucun cas l'impubère. Les lois 3 § 3, 7 § 1, XV, I, au Digeste, prouveraient le contraire. D'ailleurs, la concession d'un pécule aurait été souvent un acte de sage administration, puisque le choix du titulaire ne se serait fait que sous la responsabilité du tuteur. Pour expliquer cette anomalie, on a dit que l'*institor*, comme le *magister navis*, était en quelque sorte l'*alter ego* du maître ; qu'avec lui, le patrimoine de ce dernier ne se dédoublait jamais et que les bénéfices du commerce tombaient plus directement dans la bourse du préposant. Le pécule était, au contraire, un petit patrimoine pour l'esclave ; il en avait dans une certaine mesure la possession, et sa condition pouvait ainsi se trouver améliorée. Peut-être voyait-on là un péril dont il fallait préserver le *dominus*.

Si minor viginti quinque annis erit qui præposuit, auxilio ætatis utatur, non sine causæ cognitione, dit Ulpien. Cette *causæ cognitio* était une conséquence de cette institution toute d'équité de l'*in integrum restitutio*, dont bénéficiaient les mineurs de vingt-cinq ans.

A s'en tenir aux premières lignes du fragment 1 § 19, D., XIV, 1, on déciderait facilement que la *præpositio* de l'*institor* émanait souvent de toute personne, sans distinction de sexe, placée *in patria potestate* (1). Mais la fin du texte, *at institorum non idem usus est*, vient limiter singulièrement ce pouvoir de préposer. On constate dans la suite que l'extension était admise, mais seulement *quia ad summam rempublicam navium exercitio pertinebat*. En conséquence, si l'on trouvait devant soi un *filiusfamilias* ayant préposé un *institor*, les tiers n'avaient aucun recours contre le père et leur poursuite contre le fils était inefficace lorsqu'il était sans patrimoine. Dans le cas de l'esclave préposant, l'action institoire était également refusée contre le maître. Seule l'action de *in rem verso* permettait d'obtenir l'exécution du contrat, mais dans une mesure parfois assez restreinte.

Quant à la femme, quelle était sa capacité en matière

1. D., 1, § 19, XIV, 1. *Si is qui navem exercuerit in aliena potestate erit ejusque voluntate navem exercuerit, quod cum magistro ejus gestum erit, in eum, in cujus potestate is erit, qui navem exercuerit, judicium datur — at institorum non idem usus est.*

de *præpositio* ? Des hésitations pouvaient naître en présence des mesures législatives prises contre elle au sujet de l'*intercessio*. L'*intercessio* était l'acte par lequel on s'immisçait dans l'affaire d'autrui. Si les empereurs Auguste et Claude avaient défendu aux femmes d'intercéder pour leurs maris ; si, par extension, la jurisprudence et le sénatusconsulte Velléien étaient allés plus loin en décidant, sans distinguer entre la femme mariée ou non, *ne pro allo feminæ intercederent*, et cela sous prétexte de leur inhabileté à se rendre suffisamment compte de la portée de leurs actes, cette incapacité ne s'attachait qu'aux cas strictement constitutifs d'*intercessio*, et ils étaient limitativement énumérés. En dehors de ces cas exceptionnels, la femme était libre de contracter une obligation pour autrui quand, au fond, elle seule devait en profiter. Lorsqu'elle s'engageait envers des tiers, en constituant un *institor*, à assumer les conséquences de ses opérations, c'était bien, à proprement parler, son contrat, à elle, qu'elle garantissait, et nullement le contrat d'autrui. Son obligation était bien principale et non simplement accessoire. D'ailleurs, les jurisconsultes firent tomber toutes les hésitations, en déclarant, au Code, constitution 4, livre 4, titre 25 : *Etsi a muliere magister navi præpositus fuerit, ex contractibus ejus ea exercitoria actione ad similitudinem institoriæ tenetur* ; et au Digeste, loi 7, XIV, 3 : *Nunc etsi mulier præposuit, competat institoria*. Bien plus, si la femme commerçante voyait son *institor* traiter une affaire qui n'était qu'une véritable *intercessio*, dans le sens strict du mot, la généralité des textes empêchait, à notre avis, la femme d'invoquer, en la circonstance, l'exception du sénatusconsulte Velléien.

Parmi les préposants, il nous faut encore ranger :

Le curateur et le tuteur, qui choisissaient des *institores* dans l'intérêt des incapables, obligés par eux comme s'ils avaient agi eux-mêmes (loi 18, Dig., XIV, 3);

Le gérant d'affaires, dont les actes étaient ratifiés par le géré;

Le mandataire général (1).

Examinons enfin le cas de l'*institor* préposant. Ulpien, dans la loi 1, § 5, D , XIV, 1, nous fait connaître que le *magister navis* avait la liberté de se substituer quelqu'un (2). *Facilius hoc magistro, quam institore, admittendum erat propter utilitatem.* Dans ses voyages, en effet, le capitaine restait éloigné de son armateur, pendant un temps assez long : il pouvait tomber malade, être pris par les pirates, et alors être forcé d'abandonner son commandement. Il devait, en pareil cas, avoir la faculté de se donner un remplaçant; et qui était plus capable que lui de faire un choix judicieux? Sur terre, on n'avait pas à craindre les mêmes inconvénients. Si relâchée que fût la surveillance de l'*institor* par son maître, rien n'empêchait ce dernier d'habiter dans la ville où se trouvait la *taberna*, le magasin ou l'hôtellerie qui lui appartenait. Au besoin, les tiers s'adres

1. Paul, loi 6. D., XIV, 3 : *In ipsum procuratorem, si omnium rerum procurator est, dari debebit institoria.*

2. Ulpien, D., loi 1, § 5, XIV, 1 : *Magistrum autem accipimus non solum quem exercitor proposuit sed eum quem magister.*

saient facilement à lui, se renseignaient promptement sur l'étendue des pouvoirs qu'il avait conférés. En outre la pluralité des préposants, domiciliés en des endroits différents, simplifiait encore parfois ces relations entre les mandants et leurs futurs créanciers.

En résumé, on doit dire qu'à l'époque classique du droit romain, toute personne pouvait préposer un *institor*. Pour les incapables, impubères ou mineurs de vingt-cinq ans, on exigeait l'*auctoritas tutoris* et le *consensus curatoris*. C'était au moment de la *præpositio*, et non au moment de la conclusion du contrat par le préposé, que devaient intervenir ces compléments de capacité. Si, en faveur du développement du commerce maritime, toutes les personnes soumises à la *patria potestas* nommaient valablement des capitaines de navires, la même règle n'existait pas quand il s'agissait d'*institores*.

CHAPITRE V

DE L'*INSTITOR*.

Après le préposant, l'*institor*. Quelles étaient les fonctions de l'*institor* ? Qui pouvait les remplir ?

L'*institor* était celui que la *præpositio* désignait aux tiers comme capable de passer avec eux tous les actes que comportait sa fonction.

Les textes nous donnent un grand nombre d'exemples d'*institores*. Ils pouvaient être préposés à la direction d'une auberge (*taberna*), à des opérations de banque (*mensa*), à la vente où à l'achat d'esclaves, de chevaux et de mulets, à la location d'immeubles bâtis (*insularii*), au colportage des marchandises à travers les campagnes (*institores sine loco*), au transport du pain, etc., bref, *cuicumque negotio*, comme dit Ulpien.

Il est plus que probable que primitivement l'*institor* n'était qu'un *alieni juris*, une personne en puissance. Au lieu de recourir aux *personæ extraneæ*, le chef de famille employait celles qu'il avait sous la main ; il y était déterminé par une raison d'économie, puisque, dans ce cas, il ne payait aucun salaire. Les *alieni juris* devaient être, d'ailleurs, des auxiliaires suffisants, à une époque où le commerce n'avait pas pris encore d'importants développements, où les relations d'affaires ne se nouaient guère que dans les villes et restaient enfermées dans un pays de faible étendue. Parmi les nombreux esclaves d'une même *familia*, il s'en rencontrait quelquefois qui avaient pour le négoce de remarquables aptitudes : autre raison pour ne pas chercher ailleurs des préposés. En outre les Romains, dont la circonspection est très connue, ne furent pas fâchés de trouver dans l'utilisation des personnes en puissance le moyen d'écarter tant qu'ils le purent l'emploi des *personæ extraneæ* et, par suite, de ne pas rompre trop brusquement avec leurs principes. C'était, en effet, un usage très répandu à Rome de charger les esclaves des actes qu'on ne voulait pas accomplir personnellement.

Mais lorsque les Romains eurent d'importantes colonies dans les pays lointains, qu'ils eurent fondé des comptoirs en Afrique, en Espagne et en Gaule, et que le commerce fut forcé de se développer afin de répondre à toutes les exigences de la vie luxueuse de ces puissants maîtres du monde, le besoin d'employer les personnes libres à côté des *alieni juris* se fit impérieusement sentir. On aperçoit dans les textes cette nécessité, à laquelle les Romains durent céder, de recourir à de plus nombreux intermédiaires, en même temps qu'on y constate l'extension d'application de l'action *institoria* (1).

1. Institutes, IV, 7, § 2 : *Istas duas actiones (exercitoria et institoria) prætor reddit, etsi liberum quis hominem, aut alienum servum, navi vel tabernæ præposuerit.*

On comprit alors que c'était spécialement au maître de subir la responsabilité des opérations de son mandataire, de supporter les conséquences du choix de son *institor : quoniam sibi imputare debet qui eum præposuit.* Le crédit de l'*institor* n'était déjà plus aux yeux des tiers que d'une importance presque secondaire. Sa qualité et sa capacité étaient devenues indifférentes puisqu'on ne contractait plus avec lui qu'en vue du mandant ou du préposant.

Il n'est pas inutile de comparer l'*institor*, pour en bien préciser le caractère et la fonction, avec le *procurator* ou simple mandataire.

Si le premier avait à accomplir une série d'actes ou d'opérations, on ne demandait au second qu'un seul acte, on ne le chargeait que d'une seule affaire, *unius rei.* Le mot *institor* correspondait à l'idée générale d'entreprise.

La fonction de l'*institor* supposait en outre des gains à réaliser pour le compte du mandant. C'est ce qui ressort de la loi 16, Dig., XIV, III (1). La même idée se trouve répétée dans le commentaire de la grande glose et dans Cujas (2).

Si Donneau (tome X) fait tenir toute la différence entre le *procurator* et l'*institor* dans cette règle que le

1. Dig., loi 16, XIV, 3: *Si cum villico alicujus contraxit, non datur in dominum actio, quia villicus propter fruc. tus percipiendos non propter quæstum præponitur.*

2. Cujas : *Institor dicitur is qui præponitur alicui administrationi quæstuariæ universali, procurator vero qui ad unum actum præponitur.*

procurator figurait seulement dans les actes unilatéraux et l'*institor* dans les actes synallagmatiques, son opinion ne doit pas nous arrêter, car elle est loin d'être exacte. D'une part, les lois 5, § 2 et 19, § 1, D., XIV, 3, nous montrent l'*institor* passant des contrats unilatéraux, lorsque l'esclave prête ou emprunte à intérêt. Nous remarquons, d'autre part, dans les lois 8, § 6 et 10, 12 § 9. D., XVII, 1, que les actes synallagmatiques n'étaient nullement impossibles au *procurator*, puisqu'il s'agit, dans ces textes, entre autres exemples, d'un achat de fonds de terre et d'esclaves dont un *procurator* avait été chargé.

On s'est demandé si c'était strictement à un commerce que l'*institor* devait être préposé. Nous ne le croyons pas. Les Romains, dont les lois commerciales, toutes d'emprunt, n'avaient pas une étendue considérable, n'ont jamais établi, comme on l'a fait dans les législations modernes, une distinction bien tranchée entre les actes civils et les actes de commerce. Les principes du droit commun s'appliquaient aux uns comme aux autres, et on ne doit aux innovations prétoriennes aucune modification précise à cet égard. A tort on invoquerait contre cette opinion un texte de Paul (Loi 16, XIV, III, Dig.), où il refuse l'action institoire contre le maître du *Villicus* (*Villicatio*, gouvernement d'une ferme) dans le cas d'achat et de vente de récoltes par ce dernier. Il n'y a pas là une exception à la règle, comme on l'a soutenu. Le *villicus* a pour fonction principale la direction de la ferme qu'on lui a confiée, et ses ventes et ses achats de récoltes en sont des conséquences qui s'expliquent aisément. Alors même que le *dominus* lui aurait spécialement donné mission d'acheter ou de vendre, l'action *quasi institoria*, comme dit le texte, serait encore seule applicable, au lieu et place de l'action institoire, en raison du caractère accessoire de cette nouvelle fonction greffée sur la plus importante, la *villicatio*.

Pour conclure, nous dirons que l'*institor* était le préposé que l'on chargeait d'accomplir une série d'actes, de réaliser des bénéfices pour son mandant. Le mot *institor* avait un sens plus large que celui de commerçant, qui s'y trouvait compris. Si primitivement les *institores* semblent n'avoir été que des personnes en puissance, avec l'action institoire cette classe de représentants s'élargit pour contenir les personnes libres, les *personæ extraneæ*.

CHAPITRE VI

DES ACTES QUI ENGAGEAIENT LA RESPONSABILITÉ
DU PRÉPOSANT

Une fois l'*institor* placé à la tête de la *taberna*, quels étaient, parmi ses actes, ceux qui engageaient la responsabilité du préposant, sous quelles conditions, dans quelle mesure, à partir de quel instant, et jusqu'à quel moment ?

Nous distinguerons les contrats, d'une part, et, de l'autre, les délits et les quasi-délits.

Quels étaient les contrats que pouvait conclure l'*institor* ? Tous ceux que commandait la bonne direction de l'entreprise. Il fallait toutefois que ce pouvoir fût renfermé dans de justes limites. On comprend sans peine qu'il était prudent, pour prévenir les funestes conséquences d'une gestion inconsidérée, d'empêcher le représentant de compromettre, à son gré, les intérêts du mandant, dont il avait à administrer le bien ; et c'était quelquefois une portion importante d'un opulent patrimoine.

L'utilité seule devait donc provoquer et justifier les engagements de l'*institor*.

Mais comment se fixait le pouvoir de cet intermédiaire? Quelle étendue lui donnait-on? A partir de quel acte faisait-on dater la responsabilité du mandant?

Si le préposant prenait comme *institor* un homme libre, un *extraneus*, il intervenait entre eux un contrat de mandat ou de louage. Dès la conclusion du contrat et, par suite, dès l'acceptation du mandat, les fonctions du préposé commençaient.

Si le préposant choisissait un de ses esclaves, son fils, ou toute autre personne *in sua potestate*, c'était le *jussum* qui permettait à cet *alieni juris* de contracter et d'obliger celui pour le compte duquel il agissait.

On appelait *præpositio* cette investiture. C'était une sorte de contrat de bonne foi où se trouvait indiqué tout ce que l'intermédiaire était autorisé à faire : c'était comme un critérium auquel se ramenaient tous les actes de cet agent, quand on voulait savoir s'il avait respecté ou non la volonté du préposant, *duntaxat ad id, ad quod eum præposuerat dominus. Conditio autem præpositionis servanda erat*, ajoute Ulpien (Loi 11, § 5, XIV, III), si large ou si étroite qu'il eût plu au *dominus* de l'imposer.

Dans la *præpositio* était décrite la série d'opérations qui distinguaient, nous l'avons vu ci-dessus, la mission de l'*institor* de celle du simple *procurator*.

Expresse le plus souvent, la *præpositio* pouvait être tacite : rien ne le défendait. Elle échappait entièrement au formalisme rigoureux qui étreignait la liberté d'action du citoyen romain.

Elle était d'une utilité incontestable. *Præpositio cer-
tam legem dat contrahentibus*, dit Ulpien, loi 1, § 12,
Dig., XIV, I. C'était d'elle que dépendait la question
de savoir si les tiers auraient ou non la voie de recours
prétorienne à diriger contre le préposant. Ils avaient
donc tout intérêt à en connaître la teneur ; aussi lui
donnait-on une large publicité. C'était la règle, et les
textes entrent à cet égard dans les détails les plus mi-
nutieux.

Cette publicité était perpétuelle et à demeure, d'a-
près Ulpien, *proscriptum autem perpetuo esse oportet*.
La sanction était sévère. Pour n'avoir pas veillé à la
protection des intéressés, le maître était tenu, qu'il s'a-
gît ou non de cas prévus dans l'acte d'investiture. Il
tombait sous le coup de l'action institoire, non-seulement lorsque l'affiche n'avait pas été apposée, mais
encore lorsqu'elle avait été arrachée par le vent, par
la pluie, par un passant, par le préposé, et parfois
aussi, c'est tout au moins probable, par le préposant.
Même responsabilité, si on ne l'avait pas placée dans
l'endroit le plus apparent de la *taberna*, pour qu'elle
attirât les regards de tous ceux qui entraient, si on ne
l'avait pas rédigée en grec ou en latin, suivant les exigences du lieu où était installé l'*institor*. *Ceterum si per
id temporis, quo propositum non erat, vel obscurata
proscriptione, contractum sit, institoria locum habebit*
(Loi 11, XIV, 3).

Nous lisons toutefois dans le même auteur : *Certe si
quis dicat ignorasse se litteras, vel non observasse quod*

*propositum erat, cum multi legerent, cumque palam
esse præpositum, non audietur.*

A ceux qui n'ont voulu faire de l'*instilor* qu'un mandataire ordinaire, à ceux qui ont soutenu que les tiers
n'avaient pas à s'occuper scrupuleusement des restrictions de la *præpositio*, sous prétexte qu'elles se conce-
vaient dans l'unique cas de la loi 1, § 9, XIV, 1, D.,
dans le cas d'emprunt de sommes d'argent, on répond
que la généralité des textes du titre 3 du même livre
semble bien démontrer qu'ils avaient, au contraire,
à leurs risques et périls, à y prêter une sérieuse attention.

Quelques auteurs ont essayé de voir dans les mots
conditio præpositionis des textes, non pas la mention
spéciale et restrictive des pouvoirs de l'*instilor*, mais
la simple désignation générale du genre d'affaires dont
on l'avait chargé. Les exemples des titres 1 et 3 du
titre XIV du Digeste, les hypothèses détaillées qu'ils
renferment, nous confirment dans l'opinion contraire.
Et si d'ailleurs tout autre était la portée de l'expression
rappelée plus haut, ne serions-nous pas quand même
autorisés à en tirer cette conclusion que, parmi toutes
les opérations possibles à un préposé de magasin ou
de banque, il devait s'en trouver qui lui étaient inter-
dites. Nous ne citerons comme exemple que le fragment 12, loi 5, XIV, 3, Dig. (1).

1. Fr. 12, loi 5, XIV, 1, Dig.: *Si proposui ad mercium dis-
tractionem tenebor nomine ejus ex emplo actione ; si forte ad
emendum proposuero tenebor duntaxat ex vendito. Sed neque, si,
ad emendum, et ille vendiderit, neque, si, ad vendendum, et ille
emerit, debebit teneri.*

Cette *præpositio* imposait, par suite, au tiers qui désirait contracter avec le directeur de la *taberna* l'observation de certaines conditions.

Le tiers avait d'abord à se renseigner sur la qualité de la personne qu'il rencontrait dans la maison et à se demander si c'était bien à l'*institor* qu'il parlait. Car s'il traitait avec un substitué de l'*institor* véritable, avec un des gardiens de l'établissement ou avec un étranger se donnant faussement pour le préposé, l'action institoire lui échappait (D., loi 13, XIV, 3).

A quoi reconnaissait-on que le préposé avait ou non le caractère d'*institor* ? Cette question, les textes ne la tranchent pas. Les usages en rendaient probablement la solution facile.

Quoi qu'il en soit, le tiers avait à examiner si le contrat qu'on lui proposait avait été prévu. Sans doute on n'exigeait pas qu'on suivît à la lettre les prescriptions de l'affiche ; si l'esprit de la *præpositio* était respecté, c'était l'essentiel, pourvu toutefois que l'opération fût nécessaire, voire même simplement utile au succès de l'entreprise.

Ainsi, en vertu de la loi 5, § 14, XIV, 3, le prêt rentrait parfaitement dans l'autorisation de vendre et d'acheter : *Si ei quem vendendum emendumve oleum præposui, mutuum oleum datum sit, dicendum erit institoriam actionem locum habere.*

D'après la loi 5, § 15, même titre : *Item fidejussori qui pro institore intervenerit, institoria competit : ejus enim rei sequela est.*

Et encore, dans la loi 1, § 11, XIV, 1 : *Si ab alio mu-*

tuatus, liberavit eum qui in navis refectionem credide-
rat, puto etiam huic dandam actionem, quasi in na-
vem crediderit. On appliquait certainement cette hypothèse à l'*institor*. Il contractait un premier emprunt,
puis, pour rembourser, il en contractait un second ;
le second emprunteur avait un recours contre le préposant. N'y avait-il pas là en effet utilité évidente pour ce
dernier à ce que son mandataire agît de cette façon ?

Il était dans une situation identique, celui qui avançait de l'argent en vue de soustraire les objets du commerce à la saisie des créanciers. Et le *filius institor* ne
pouvait pas opposer l'exception du sénatus-consulte
macédonien, qui prohibait les prêts d'argent aux fils
de famille, parce qu'ici l'argent n'avait pas été compté
au fils pour son usage personnel, mais uniquement
dans l'intérêt du *paterfamilias* et de son patrimoine.

Mais voici une hypothèse où le préposé sortait de la
præpositio et où l'on refusait l'action institoire — loi
19, §3, Dig., XIV, 3 : — *Servus pecuniis tantum fœ-*
nerandis præpositus, per intercessionem æs alienum
suscipiens, ut institutorem, dominum in solidum jure
prætorio non adstringit. Chargé de faire des prêts
d'argent, et pas autre chose, l'*institor* s'engageait à la
place d'un débiteur qu'il libérait. On ne donnait pas
l'action institoire contre le mandant : sa volonté avait
été méconnue.

Le maître qui louait son esclave pour qu'on lui donnât la direction d'une *taberna*, et qui ensuite venait à
traiter avec lui, était un tiers par rapport à cet *institor*
et bénéficiait, comme tout autre, des règles sur la res-

ponsabilité du préposant. La loi 12, XIV, 3, Dig., lui reconnaît à cette occasion une action *institoria utilis*.

Une fois renseigné sur la qualité de l'*institor* et sur l'étendue de ses pouvoirs, le tiers avait enfin à rechercher, au moment du contrat, le but et l'utilité de l'obligation par laquelle le préposé offrait de se lier à lui. Sinon, comment aurait-il été admis à prétendre, en cas de procès, qu'il avait suivi la foi du préposant? Le décharger de cette surveillance n'eût-ce pas été, en effet, courir au devant d'un danger qui se présentait fréquemment? Sous le prétexte d'un pressant besoin d'argent pour acheter des marchandises, l'*institor* empruntait des deniers qu'il employait à éteindre ses dettes personnelles. Il eût été téméraire de permettre aux tiers de satisfaire sans restriction à de semblables demandes. Toutefois, comme il était impossible d'établir à ce sujet une règle tout à fait stricte, on n'exigeait du prêteur qu'une connaissance relative de la destination probable réservée à l'emprunt. Peu importait si dans la suite on lui en faisait prendre une autre. Forcer ce prêteur à suivre de tout près l'emploi des fonds avancés, le constituer, pour ainsi dire, *negotiorum gestor*, eût été, certes, une mesure ridicule. Son entière bonne foi devait lui être une garantie suffisante. Sans doute il avait à se mettre en garde contre les mensonges trop évidents, mais il eût été peu équitable et peu favorable au commerce de laisser peser sur lui tout le fardeau d'une erreur excusable, que pouvait commettre l'homme le plus diligent. C'est bien l'idée qui se trouve dans la loi 1, § 9, du livre XIV, titre 1.

Toutes ces conditions remplies, le contrat était valable ; l'action institoire en assurait l'exécution ; le créancier réclamait et obtenait le payement intégral de son dû.

Le droit de poursuite existait à la fois en sa faveur et en faveur de ses héritiers contre le préposant et ses héritiers. *Novissime sciendum est hanc actionem perpetuo dari et in heredem et heredibus*. L'action était donc perpétuelle ; ce caractère de perpétuité s'attachait d'ailleurs aux actions qui avaient pour but de compléter le droit civil.

Les règles que nous avons passées en revue, depuis le début de ce chapitre, s'appliquaient lorsqu'il y avait un seul commettant et un seul préposé, et c'était là le cas le plus ordinaire. Mais on les suivait également lorsqu'on était en présence, soit de plusieurs *institores* et d'un seul préposant, soit de plusieurs préposants et d'un seul *institor*, soit enfin de plusieurs *institores* et de plusieurs préposants.

C'était toujours dans la *præpositio* que puisaient leurs pouvoirs tous les *institores* nommés en même temps. Le règlement de leurs fonctions offrait parfois la plus grande variété. Ou les actes de tous les mandataires, ou seulement les actes de l'un d'eux, devaient engager le maître. Tantôt on n'entendait donner à chacun qu'une branche spéciale du commerce, tantôt on défendait certaines opérations aux uns pour ne les permettre qu'aux autres (1). Enfin il n'était pas rare de

____

1. Loi 11, § 6, XIV, III, D. : *Sed si in totum prohibuit cum*

voir décider que les deux *institores* ne lieraient entièrement leur *dominus* qu'à la condition d'agir toujours
de concert.

Les commettants qui choisissaient un seul mandataire, que ce fût leur esclave ou toute autre personne,
étaient tous tenus *in solidum*. Pourquoi aurait-on forcé
le créancier qui avait traité avec un seul individu de
diviser ensuite ses poursuites ? Du reste, le maître qui
acquittait seul l'obligation avait ensuite un recours
contre les autres comandants. *Si plures navem exer-
ceant, cum quolibet eorum in solidum agi potest ; ne
in plures adversarios destringatur qui cum uno con-
traxerit* (loi 1, § 25, XIV, 1, D.). — La loi 13, § 2, XIV,
3, donnait la même solution. Elle supposait plusieurs
commettants nommant *institor* l'esclave commun dont
ils avaient la propriété pour des parts différentes. Comment se répartissait la responsabilité ? Étaient-ils tous
également responsables envers les créanciers ou en
proportion de leurs droits respectifs de propriété ? Le
jurisconsulte Julien répondait: « *Et verius esse, exemplo exercitorum, in solidum unumquemque conveniri
posse.* » Il y avait là une sorte de société avec les effets
de la solidarité : lorsque le créancier avait demandé
son payement à l'un des mandants, que la *litiscontes-
tatio* était intervenue, l'obligation s'éteignait *erga
omnes* et la poursuite ne pouvait plus se renouveler
contre les autres.

*ro contrahi, propositi loco non habetur, cum magis hic custodis
sit loco quam institoris. Ergo nec vendere mercem hic poterit, nec
modicum quid ex taberna.*

S'il n'y avait qu'un préposant et un *institor*, il n'est pas sans intérêt de se demander comment ils étaient obligés tous les deux envers le créancier. L'étaient-ils solidairement ? Pour le soutenir, on s'est appuyé sur l'existence de ces deux débiteurs, exposés, l'un, à l'action directe née du contrat, l'autre, à cette même action transformée par le préteur sous le nom d'action *institoria*, et on a conclu à une pluralité de liens ; on s'est fondé ensuite sur le choix laissé au demandeur de poursuivre l'un ou l'autre pour atteindre le même but, l'exécution de l'engagement du représentant, et on en a tiré l'unité d'objet. Enfin on a fait remarquer que des deux actions, par hypothèse de l'action *venditi* et de l'action *venditi institoria*, si l'une était intentée, l'autre ne pouvait plus l'être après la *litis contestatio*, qui, comme en cas de solidarité, avait pour effet, une fois l'un des débiteurs poursuivi, de libérer immédiatement et radicalement tous les autres.

Il ne faut pas, ce semble, s'arrêter à ces analogies. L'action directe du contrat, action du droit civil, n'est pas à mettre sur la même ligne que l'action institoire, du droit prétorien. Nos deux débiteurs ne doivent pas être comparés l'un à l'autre, car ils n'ont pas, à beaucoup près, la même responsabilité. Les liens qui les enchaînent aux tiers n'ont pas tous la même force ; d'un côté, c'est le contrat qui lie le préposé ; de l'autre, c'est de la *præpositio*, du consentement précis à vouloir être obligé, que naît contre le représenté un droit de poursuite, lequel se greffe sur celui qui existe déjà naturellement contre le représentant. Enfin, à l'appui de cette opinion, citons le passage où M. Girardin, parlant de l'obligation du mandant et de l'*institor*, dit dans son étude sur la solidarité (page 37, *in fine* : « C'est une solidarité de rencontre, conséquence de la juxtaposition du droit civil et du droit prétorien ; nulle part, je crois, les débiteurs dont il s'agit ne sont qualifiés *rei promittendi*. »

Quand le tiers créancier recourait à l'action institoire, il était obligé de prouver qu'il avait le droit de l'intenter, qu'il n'avait rien à se reprocher, qu'il avait respecté la *præpositio*. Pour le faire avec succès, il pouvait invoquer la *præpositio* elle-même, l'habitude du préposé de traiter avec lui ou avec d'autres certaines catégories d'affaires relatives à son commerce, il pouvait arguer du silence de la *præpositio* sur les restrictions prétendues des pouvoirs de l'*institor*, exciper enfin de la mauvaise publicité qu'on leur avait donnée.

Jusqu'au moment où cessait sa fonction, l'*institor* restait exposé aux poursuites de ses cocontractants. Mais il y échappait dans le cas où il avait négligé de faire connaître sa qualité d'*institor*, car alors on le considérait comme s'étant engagé en son nom personnel et on appliquait les règles du droit commun. Il devait en être de même pour le cas où il avait dépassé les clauses de la *lex præpositionis*.

Après avoir établi le point de départ des fonctions de l'*institor*, déterminons le moment auquel elles prenaient fin.

Les modes d'extinction de la *præpositio* étaient à peu près les mêmes que ceux du mandat, sans qu'on puisse cependant affirmer qu'il y eût entre eux une ressemblance parfaite. La mort du *dominus*, la mort du préposé, la révocation, le terme, la renonciation, tels étaient les principaux événements qui la faisaient cesser.

L'accomplissement des diverses opérations que sa mission nécessitait ne diminuait en rien les pouvoirs du préposé, qui restait directeur de la *taberna*. Un mandataire ordinaire devait, au contraire, se munir d'un pouvoir spécial pour chaque affaire qu'il traitait pour le compte du mandant.

Quand le préposé mourait, ses héritiers ne pouvaient lui succéder que grâce à une *præpositio* nouvelle consentie en leur faveur, car les fonctions de leur auteur lui avaient été confiées *intuitu personæ*, la considération de la personne étant dominante dans le contrat de mandat. Tout au plus leur reconnaissait-on, comme aux héritiers du mandataire, la faculté d'achever les opérations commencées ou de faire les actes de conservation indispensables, dans l'intérêt du maître.

La mort du préposant n'avait pas d'effet sur la *præpositio*; la mort du mandant, au contraire, faisait cesser le mandat. Par ses actes postérieurs à cet événement, l'*institor* obligeait toujours *in solidum* les héritiers du *de cujus* (loi 17, § 2, Dig., XIV. 3). L'incapable en tutelle succédant à son père et se trouvant en présence de plusieurs *institores*, pouvait être poursuivi par l'action *institoria*, *propter utilitatem promiscui usus*; (Pothier dit : *propter utilitatem commerciorum et promiscui usus*). On ne distinguait pas si les tiers, au moment du contrat, ignoraient ou non la mort du *paterfamilias* et la condition de son successeur. Le pupille répondait des actes de ces *institores*, même *sine tutoris auctoritate*, parce que l'adition d'hérédité avait eu lieu *tutore auctore*.

Par mesure de protection en faveur des tiers, la révocation de l'*institor* n'était valable aux yeux des intéressés qu'à la condition d'être expresse et de recevoir une publicité régulière. C'était la conséquence logique des formalités qui accompagnaient l'installation du préposé. *Non enim impulandum est ei qui sciens dominum decessi·· cum institore exercente mercem contrahat.*

Papinien nous apprend (loi 19, D., XIV, 3) que de l'affranchissement du préposé ne résultait pas une révocation tacite.

Si le terme mettait fin à ses fonctions, il nous semble qu'une notification publique s'imposait toujours dans l'intérêt des créanciers.

La renonciation de l'*institor* à sa *præpositio* devait être signifiée au préposant, et, si elle était intempestive, elle restait sans effet. Il en était de même de la renonciation du mandataire ordinaire à son mandat.

Pour résumer nos explications, nous dirons :

Le préposant n'encourait de responsabilité que pour les contrats prévus expressément ou tacitement par la *lex præpositionis* ;

Le tiers contractant ne jouissait de l'action institoire que s'il avait pris certaines précautions, s'il s'était assuré de la qualité de l'*institor* et de l'utilité de l'opération, de l'étendue des pouvoirs du préposé ;

Le préposant était tenu *in solidum* depuis le jour de la *præpositio* jusqu'à la mort de son représentant ou jusqu'à sa révocation expresse.

CHAPITRE VII

DE LA RESPONSABILITÉ DU PRÉPOSANT A RAISON DES DÉLITS ET DES QUASI-DÉLITS DU PRÉPOSÉ.

Quelles étaient, par rapport au préposant, les conséquences des délits et des quasi-délits de l'*institor*? Admettait-on en droit romain la théorie qui a son siège dans l'article 1384 de notre Code civil? Cet article, on le sait, rend les maîtres et les commettants responsables des dommages de leurs domestiques et préposés dans les fonctions où ils les ont employés.

Il n'y a pas lieu de s'occuper ici d'un cas où n'intervenait ni l'idée de représentation, ni celle de responsabilité née du fait d'autrui, c'est-à-dire du cas où le mandant donnait à son préposé l'ordre de commettre un délit. Ici logiquement le mandant n'était poursuivi que comme coauteur ou complice du délit (loi 1, § 14, D., XLIII, XVI).

Nous ne nous arrêterons pas non plus à l'opinion de ceux qui déclaraient le préposant irresponsable, sous prétexte qu'il n'entendait conférer à son *institor* que le pouvoir de faire des opérations licites (*Rei turpis nullum mandatum est et ideo hac actione non agetur.*

lois 1-6, § 3, XVII, 1, D.), et aussi parce que le préteur, en créant les actions *adjectitiæ qualitatis*, n'avait voulu étendre la responsabilité du commettant qu'au point de vue des transactions commerciales, et non des délits qui pouvaient les accompagner.

Quant à la théorie basée sur la loi 1 *principium*, XIV, 3, D., nous nous bornerons à la citer en passant. Le préposant, dit-on, n'était engagé envers les tiers qu'à raison des avantages qu'il retirait des contrats de son *institor*. *Sicut commoda sentimus, ita etiam obligari nos ex contractibus ipsorum et conveniri.* Le mot *contractus* semble avoir dans ce texte un sens général comprenant tous les actes du préposé, sens que l'on rencontre d'ailleurs dans un texte de Paul (1) (loi 20, V, 1, D.). De sorte qu'avec cette explication, la responsabilité du *dominus* se trouverait passablement élargie.

Néanmoins, on soutient généralement qu'elle avait moins d'étendue ; qu'elle se restreignait pour le maître à l'abandon noxal de l'esclave à la victime du délit. Les Romains, affirment les partisans de cette opinion, n'auraient jamais conçu de dispositions identiques à celles de l'article 1384 de notre Code civil. C'est avec une grande équité, dit Justinien (Institutes, liv. IV, tit. 8, § 2), qu'on a permis au maître d'éviter de payer le montant de la condamnation par la *noxæ deditio* ; car il eût été inique que la méchanceté d'un esclave entraînât pour le maître une perte supérieure à la valeur de cet

1. Paul, loi 20. Dig., V, 1. — *Uti ubicumque aliquis obligatur contrahi videatur.*

esclave. Nous reconnaissons, certes, toute la force du principe que chacun est responsable de ses propres fautes, que personne en général ne doit être tenu à raison des délits d'autrui. Nous admettons aussi que l'esclave, s'il ne s'obligeait pas par ses contrats, s'obligeait bien par ses délits ; mais, comme il n'avait aucun patrimoine, on ne le poursuivait pas ou la poursuite restait sans effet. D'ailleurs, — toute poursuite ayant primitivement commencé par reposer sur l'idée exclusive de vengeance privée, — la victime du délinquant n'exerçait valablement ses représailles qu'à la condition de mettre la main sur lui. Mais alors elle se heurtait à la *dominica potestas*, au droit de propriété du *paterfamilias* sur son esclave. Il y avait là conflit entre deux droits. Pour y mettre fin la loi des Douze Tables autorisa la personne lésée à réclamer la *noxæ deditio*, c'est-à-dire l'abandon du délinquant, dont elle s'emparait. De là on peut conclure que le maître n'était point responsable des fautes de son esclave, et que celui-ci avait seul à en subir les conséquences.

A l'appui de cette opinion, nous ajouterons que l'action était intentée contre le *dominus* détenteur de l'esclave au moment de l'exercice de l'action, et non au moment du délit ; qu'enfin, l'esclave venant à mourir avant l'action, le maître n'était plus inquiété, et que le droit de vengeance s'évanouissait entièrement quand la *noxæ deditio* était devenue impossible. L'abandon noxal fut tout d'abord la seule satisfaction à donner à la victime du délit ; puis apparut l'alternative laissée au maître d'abandonner le coupable ou de payer une ran-

çon, une *pœna* ; finalement, le payement de cette ran-
çon s'imposa presque dans tous les cas, résultat que
les juristes ont traduit dans cette formule : que la *pœna*
était *in obligatione* et l'abandon *in facultate*.

Cette théorie, consacrée par les textes et adoptée par
la majorité des auteurs, nous nous gardons de l'attaquer ; mais il est permis de se demander, avec quelque
apparence de raison, s'il n'y avait pas une dérogation
aux principes lorsqu'il s'agissait de l'*institor*. L'action
noxale se comprenait très bien avec l'*institor alieni juris*, mais elle n'était d'aucune utilité lorsque le préposé
était un *extraneus*. Cet *extraneus*, il est vrai, était personnellement responsable de ses délits. Mais nous verrons qu'il faut distinguer parmi les délits.

Ce qui choque tout d'abord, c'est que le maître pouvait, dans un cas, échapper à toute réclamation de la
personne lésée, en faisant l'abandon d'un esclave de
peu de valeur, dont le prix n'était même pas pour elle
un dédommagement du préjudice éprouvé. Dans l'autre
cas, nous remarquons que si, la plupart du temps, la
répression n'avait pas à s'occuper des rapports juridiques existant entre préposant et préposé, il devait
pourtant bien en être autrement lorsque les délits commis se rattachaient, pour ainsi dire, aux fonctions de
l'*institor*, étaient presque une conséquence de la mission qui lui avait été confiée. N'eût-il pas été plus rationnel de faire alors intervenir une véritable responsabilité du mandant ou préposant en tant que préposant ?

Les textes donnent un grand nombre d'exemples qui plaident tous en faveur de cette solution.

Si ipse institor decipiendi mei causa detraxit dolus ipsius præponenti nocere debet ; nisi particeps doli fuerit, qui contraxit (loi 11, § 4, XIV, III). On vise ici l'hypothèse où le préposé avait frauduleusement supprimé l'affiche faisant connaître la *præpositio* et l'étendue du mandat, cette suppression étant de nature à induire les tiers en erreur.

La loi 1, § 10, XIV, 1, D., nous apprend que, si un capitaine de navire, pour contracter un emprunt, avait exagéré aux yeux du prêteur le prix des choses à l'achat desquelles il voulait affecter la somme demandée, le créancier n'avait rien à redouter ; le remboursement intégral incombait à l'armateur. Avec l'*institor*, la même obligation ne devait-elle pas s'imposer au mandant ?

Omnia enim facta magistri debet præstare qui eum præposuit : alioquin contrahentes decipientur. lisons-nous dans la loi 1, § 5, XIV, 1, Dig. Est-ce qu'on n'était pas fondé à étendre cette disposition à l'*institor* ?

Si, au livre XIV, titre 3, fragment 5, Dig., une action *quasi institoria* est donnée contre le maître dont le *servus pollinctor* a volé le cadavre qu'il était chargé d'ensevelir (1), n'avait-on pas lieu de croire à une res-

---

1. Action quasi-institoire, car il n'y a pas ici de véritable *institor*. Toutefois il peut y avoir doute sur ce point, Ulpien plaçant l'employé des pompes funèbres parmi d'autres *institores*.

ponsabilité plus grande encore lorsqu'on se trouvait devant un véritable *institor* ?

Et si nous nous reportons à la loi 1. § 2, XIV, 1, Dig., pouvons-nous voir dans l'action *exercitoria*, qu'on avait permis d'intenter, par faveur pour le commerce maritime, contre l'*exercitor* à raison du dol, de la *culpa* des gens du bateau, une action qui n'aurait été donnée que *noxaliter* ?

Au titre de l'action *institoria*, on cite encore comme un exemple le cas du teinturier qui, obligé de s'absenter pour un voyage, confle sa boutique à des employés. L'un d'eux reçoit des vêtements à teindre, mais, au lieu d'exécuter le travail, il prend la fuite en les emportant. Le maître est-il responsable ? Sans aucun doute, répond Ulpien, si l'employé est un *institor*.

Un autre exemple se trouve dans la loi 5, § 15, XIV, 3. D. -- Un *institor*, chargé de vendre de l'huile, refuse de restituer un anneau qu'il a reçu comme arrhes de la vente consentie. Le préposant doit réparation au propriétaire de l'anneau, parce qu'il s'agit ici d'un fait rentrant dans l'exercice des fonctions du préposé.

Les lois 1, princip., et 6, XXXIX, IV, D., ainsi que Dumoulin, tome 3, titre 25, distinguent nettement les délits commis *intra officium* et ceux commis *extra officium*.

En résumé, dans toutes les hypothèses que nous avons rappelées, il y a, ce semble, autant d'applications d'une règle identique à celle de notre article 1384 (Code civil). Les tiers, en traitant avec le préposé, suivent la foi du mandant. Il y a faute de ce dernier quand il met sa confiance dans un représentant indélicat, et il est juste qu'il subisse seul les conséquences de ce mauvais choix, puisque personne autre que lui n'y a participé. Par les actions noxales les tiers n'obtiennent le plus souvent qu'une réparation incomplète. L'action institoire a pour effet, au contraire, de les rendre parfaitement indemnes.

Sans doute, il ne faut pas étendre inconsidérément la responsabilité du préposant. Elle s'applique d'une façon exclusive aux fautes commises dans l'exercice des fonctions ; quant à celles dont le représentant s'est rendu coupable *extra officium*, le maître ne doit logiment en être responsable que dans la seule mesure de son enrichissement.

CHAPITRE VIII

DU RECOURS DU PRÉPOSANT CONTRE LES TIERS

Quand un contrat se conclut entre deux personnes, il ne suffit pas que l'une d'elles s'assure des voies de recours contre l'autre pour le cas où l'obligation contractée à son profit ne serait pas exécutée, il faut encore qu'il y ait réciprocité, c'est-à-dire que le débiteur ait à sa disposition des moyens de contrainte, qu'il soit certain de profiter d'un engagement correspondant au sien. Cette réciprocité existait à Rome entre le mandataire et les tiers. Mais après que ces derniers eurent acquis le privilège, par l'action institoire, de pouvoir s'adresser au mandant, n'était-il pas logique qu'en retour, on lui donnât des armes, qu'on le mît par rapport aux créanciers sur un pied d'égalité parfaite ? Il n'en fut pas ainsi tout d'abord ; le mandant ne jouit même de cet avantage, après les réformes prétoriennes, que dans de très rares exceptions. Si plus tard ces exceptions se généralisèrent et se transformèrent en règle, ou peu s'en faut, les restrictions qu'on semble y avoir apportées durent en détruire presque toute l'importance.

Il convient, à ce sujet, de bien considérer la condition de l'*institor*, puis de rechercher quels résultats se dégageaient de la nomination d'un *institor alieni juris* et d'un *institor persona extranea*. En cas de contrats passés par un *filiusfamilias* ou un *servus*, pas de difficulté ; le *paterfamilias* acquérait nécessairement à la fois les avantages de ces contrats et les actions qui les accompagnaient. Avec l'*institor extraneus*, au contraire, les complications se multipliaient. L'absence de représentation, telle que nous la concevons aujourd'hui, avait pour effet de fixer sur la tête seule du représentant toutes les conséquences de ses actes. De sorte que le représenté n'était en droit d'exiger de lui, par les actions *mandati* ou *locati*, que la cession de ses moyens d'attaque contre les co-contractants.

On a dit, pour justifier cette règle, « que les tiers se trouvaient dans une situation plus délicate et bien plus intéressante que celle du préposant ; qu'en passant un contrat avec l'*institor*, ils avaient entièrement suivi la foi du mandant ; que le *dominus*, connaissant son intermédiaire et l'entreprise à la tête de laquelle il l'avait placé, devait nécessairement être responsable ; qu'enfin, c'était le renversement de la situation antérieure aux innovations prétoriennes. Au lieu qu'auparavant les tiers étaient à la merci du *paterfamilias*, c'était lui qui se trouvait, pour ainsi dire, à leur discrétion. D'ailleurs, cette sorte de réaction s'expliquait d'autant plus facilement que le *dominus* s'était créé lui-même sa situation. »

Mais cette cession d'actions ne laissait pas de l'exposer à des dangers multiples. Nous avons vu, en indiquant le mécanisme de la *procuratio in rem suam*, que le cessionnaire pouvait se heurter au refus du mandataire, à sa mauvaise foi, à son insolvabilité, aux conséquences de sa mort avant la *litis contestatio*, aux exceptions valablement opposées par le cédé qui s'était acquitté de sa dette entre les mains du cédant, à ses yeux toujours véritable et seul créancier. A l'époque classique, cette institution s'était modifiée et améliorée. Le *procurator in rem suam* était devenu un acquéreur de créance dans le sens précis du mot. On lui donnait des actions utiles de son chef contre le cédé. La cession survivait au décès du cédant ou du cessionnaire. Pour enlever au débiteur le moyen d'invoquer ses exceptions, on avait fini par décider que la signification au cédé de la cession de créance consoliderait le droit du cessionnaire, et que la consolidation se ferait absolument comme si la *litis contestatio* était intervenue à temps. Quoi qu'il en fût, cette situation n'était pas encore absolument nette. La simplicité juridique est toujours le but auquel on doit tendre, et ici les formalités subsistaient avec leurs inconvénients.

Si on accorda à l'armateur le droit d'actionner les tiers ayant traité avec le capitaine de navire, il semble que ce fut tout d'abord en vue de favoriser les approvisionnements de Rome par mer. Le *præfectus urbis* et le président de la province intervenaient souvent pour les contraindre à payer directement entre les mains du mandant. Celui-ci, grâce à cette réforme, voyait son sort s'améliorer puisqu'il échappait désormais aux risques d'insolvabilité de son préposé. C'était là un cas de *cognitio extraordinaria* pour les magistrats (Loi 1, § 18, Dig., XIV, 1) (1).

Avec l'action institoire, naquit en faveur du préposant un droit indisputable d'attaquer les tiers. Cette règle se généralisa lorsqu'elle cessa de viser uniquement le cas de l'*institor* pour s'appliquer au simple *procurator unius rei*. Ulpien nous indique la situation nouvelle dans la loi 13, § 25. D., XIX, 1 (2). Il va même jusqu'à déclarer que, toutes les fois qu'une cession d'action était due par le mandataire, elle pouvait être parfaitement sous-entendue pour que les voies de recours appartinssent directement au mandant. Rien de plus rationnel que cet abandon des anciens principes. Mais ce que l'on ne s'explique pas, ce sont les dispositions du Digeste qui viennent se placer en travers de ces réformes et presque les renverser pour laisser en vigueur le primitif état de choses. C'est, en premier lieu, un texte du même Ulpien rapportant l'opinion de Marcellus : *Marcellus autem ait debere dari actionem et qui institorem præposuit, in eos qui cum eo contraxerint* (loi 1, XIV, 3, D.). Il le complète par cet autre

1. D., loi 1, § 18, XIV, 1 : — *Solent tamen præfecti propter ministerium annonæ, item in provinciis præsides provinciarum extraordinem ejus juvare ex contractu magistrorum.*

2. Loi 13, § 25, [D., XIX, 1 : — *Si procurator vendiderit et caverit emptori, quæritur an domino vel adversus dominum actio dari debeat ? Et Papinianus putat, cum domino ex empto agi posse utili actione, ad exemplum institoriæ actionis, si modo rem vendendam mandavit : ergo et per contrarium dicendum est, utilem ex empto actionem competere domino.*

texte de Gaïus : *Eo nomine, quo institor contraxit, si modo aliter rem suam servare non poterat* (loi 2, du même titre). Par suite, à la fin de l'époque classique, la règle générale était, comme par le passé : pas d'action au mandant ; l'exception : un recours au mandant, toutes les fois que son patrimoine se trouvait exposé à quelque danger.

Une autre loi, au Digeste, loi 5, XLVI, 5, donne jour à un autre système : *In omnibus praetoriis stipulationibus hoc servandum est, ut, si procurator meus stipuletur, mihi causa cognita ex ea stipulatione actio competat.* Avant de décider si le préposant agirait, une *causae cognitio* était indispensable. L'intéressé avait à faire au préalable la preuve qu'il se trouvait dans une situation telle que le magistrat lui devait aide et assistance.

On ne comprend guère la présence de ces textes dans la compilation de Justinien. On a essayé d'exclure le *si modo aliter rem suam servare non poterat* de Gaïus, en soutenant qu'il y avait là une reproduction fâcheuse à mettre sur le compte des compilateurs, et que les textes d'Ulpien étaient suffisamment clairs, en maints endroits, pour que l'opinion de Gaïus ne pût faire brèche au principe nouveau. Nous rejetons cette manière de voir. Car la loi 2, XIV, 3, D., n'est pas la seule qu'il y ait à écarter pour aplanir toutes les difficultés. Il reste le fragment 49, § 2, XLI, 2, Dig., où on a l'air de vouloir refuser catégoriquement, dans toutes les circonstances, une action directe au préposant (1).

1. Loi 49, § 2, XLI, 2, Dig. : *Etsi possessio per procuratorem ignoranti quæritur, usucapio vero scienti competit, tamen evictionis*

Malgré ce texte, on a lieu de décider que le préteur avait bien accordé au mandant un moyen d'attaque contre les tiers, mais qu'il avait subordonné cette faveur à la *causæ cognitio*. Il s'agissait, en effet, au dire d'auteurs éminents, « de ne pas sacrifier trop brutalement l'intérêt du mandataire, ce qui serait infailliblement arrivé si l'on avait admis que, comme aujourd'hui, l'acte du représentant était l'œuvre du représenté. Comme le mandataire ne devait pas, d'une façon absolue, remplir gratuitement sa mission pour le mandant, il était équitable, avant que ce dernier pût jouir de l'exercice complet de tous ses droits, de lui imposer l'obligation de régler ses comptes avec son intermédiaire. » Après cela, libre à lui, puisqu'en somme il devait profiter des avantages des contrats, de se retourner contre les débiteurs.

C'est donc, à notre avis, au texte de Paul qu'il faut ramener l'étendue de la réforme que nous examinons. On doit écarter la généralisation trop considérable qui résulterait de la loi 13, § 25, XIX. I, d'Ulpien. Et on ne pourrait opposer à cette solution la loi 68, III. 3, de Papinien, qui repousse, semble-t-il, la *causæ cognitio* : *Quod procurator ex re domini, mandato non refragante, stipulatur, invito procuratore, dominus petere potest.* On a d'autant plus raison de douter de l'exacte rédaction de ce texte, que les Basiliques, qui le reproduisent, contiennent une négation au lieu d'une affirmation : *dominus petere non potest* (Livre 8, titre 2).

actio domino contra renditorem, invito procuratore, non datur : sed per actionem mandati ea cedere cogitur.

CHAPITRE IX.

CAS SPÉCIAUX OU LA VÉRITABLE REPRÉSENTATION SE PRODUISAIT.

Nous sommes arrivé à la fin de l'époque classique du droit romain. Nous ne passerons pas à l'examen de la législation sous Justinien sans dire quelques mots du développement parallèle de la représentation dans la tutelle. L'importance des modifications que cette théorie y subit de bonne heure nous y oblige. C'est là que nous allons trouver les cas où la pratique, triomphant de toutes les résistances, avait réussi à faire admettre envers les tiers l'engagement réel du représenté à l'exclusion du représentant.

Nous ne reprendrons pas la tutelle à son origine. Nous nous placerons au moment de la limitation des pouvoirs du tuteur, après *l'Oratio Severi*, qui décida l'inaliénabilité partielle du patrimoine du pupile, après la constitution de Constantin, qui en proclama l'inaliénabilité générale. C'est là une transformation d'autant plus remarquable que les tuteurs avaient eu autrefois la libre disposition de ces biens, *loco dominorum*.

Le tuteur et le pupile étaient vis-à-vis l'un de l'autre des *personæ extraneæ*. Lorsque le tuteur agissait seul, *negotia gerebat* ; il ne représentait pas l'incapable : alors apparaissaient tous les inconvénients de la non représentation. Pour y obvier, on avait trouvé des expédients ; on avait imaginé l'*auctoritas interpositio*, grâce à laquelle tous les effets des actes passés par le mineur investi d'une demi capacité se réalisaient en sa personne. En outre le préteur avait étendu au pupille l'application des règles relatives aux acquisitions faites au *paterfamilias* et aux engagements dont il était tenu par l'intermédiaire des *alieni juris, exercitores* ou *institores*. Hors de là, défense au tuteur, agissant seul, de faire produire directement pour le pupille à un acte juridique, son œuvre personnelle, des résultats avantageux ou nuisibles. Des tempéraments ne tardèrent pas à être apportés à ce principe, que nous avons vu si rigoureusement appliqué dans la matière du mandat ordinaire.

Dans la loi 72, l. 3, t. 3, Paul nous apprend d'abord que le tuteur pouvait conserver des droits à l'incapable, lorsque, par exemple, en plaidant, il transformait par la *litis contestatio* une action temporaire appartenant au mineur en une action perpétuelle, lorsqu'il interrompait une prescription en cours.

Nous trouvons ensuite dans les textes que le tuteur enlevait la possession à son pupille, de même qu'il la lui faisait acquérir directement, alors que cela lui était strictement impossible quand il s'agissait de la propriété. La pratique avait fini par permettre que l'incapable, fût-il privé d'*animus* personnel, acquerrait ou perdrait la possession, non seulement *corpore alieno*, mais même *animo tutoris*. N'était-ce pas entrer résolument dans le domaine de la vraie représentation ? L'hypothèse qui se présente la première est celle du *mutuum*. Quand le tuteur prêtait au nom du pupille soit les écus de ce dernier, soit ses propres écus, le pupille devenait le véritable créancier par l'entremise de son tuteur. Et cela était avec le temps si bien passé dans l'usage que Justinien (C. 2, IV, 27), décida que l'hypothèque cesserait d'appartenir désormais au tuteur, pour que le mandant en fût investi avec la *condictio ex mutuo*.

D'après Gaïus (fr. 53, XLVI, 3), le tuteur qui payait une dette de son pupille, avec les écus de ce dernier, lui faisait obtenir directement sa libération.

Le tuteur acquérait facilement au mineur la possession d'une chose (fr. 1, § 20, 41,2), à la condition qu'il n'eût pas l'intention d'acquérir pour lui personnellement. Si, par hypothèse, la tradition de cette *res* avait été faite *donandi causa* et que le bien n'appartînt pas au *tradens*, d'après les règles du droit commun, la prescription ne courait pour le mandant, en cas de mandat, que du jour où il avait eu connaissance de la prise de possession par le mandataire. En matière de tutelle, en vue d'apporter un nouveau tempérament à la non représentation, on reconnaissait que le pupille usucapait dès cette prise même de possession par le tuteur. Si la possession venait à se perdre, c'était encore le pupille qui avait à sa disposition l'action publicienne (fr. 7, § 10, 41, 2, D.)

Une constitution de Gordien, au Code (C. 3, 1. 5, titre 39), présente un cas où le tuteur, traitant avec un tiers, en obtenait un crédit. De ce crédit résultait un avantage, un enrichissement pour l'incapable. Le tiers était-il simplement créancier du tuteur ? Non, il avait aussi l'incapable comme débiteur, dans la mesure toutefois de l'*in rem versio*.

Un tuteur s'engageait dans l'intérêt exclusif de son pupille ; il prenait ou donnait à bail par hypothèse. Il s'obligeait lui-même, promettait son propre fait, car la promesse du fait d'autrui était nulle et le tuteur et le pupille étaient, nous l'avons dit, deux *extranei*, l'un par rapport à l'autre. Ce tuteur débiteur, à la différence d'un mandataire et d'un gérant d'affaires ordinaires, avait agi pour remplir ses fonctions de tuteur ; il n'avait pas seulement écouté sa volonté, il s'était soumis aux exigences de sa mission. Etait-il rationnel de le considérer toujours comme responsable *in infinitum*, *in solidum*, *pendente tutela* et *finita tutela* ? Ne convenait-il pas de le relever de ses engagements au moment venu pour le remplacer par le pupille, le véritable intéressé ? Un texte important, le fragment 43, § 1, *de administratione tutorum*, au Digeste, nous apprend qu'un curateur, tout en s'obligeant personnellement, n'était pas forcément obligé *in solidum*. On lui accordait une sorte de *restitutio in integrum*. Grâce à cette *exception* qu'on lui reconnaissait, on atteignait encore ici le but de notre représentation moderne : l'incapable était seul tenu. Malheureusement, on se garda bien d'étendre cette amélioration au cas du man-

dat. On s'était probablement contenté de cette raison
que, si le mandataire était libre de discuter le mandat,
de l'accepter, et, par suite, d'en subir les conséquences, la tutelle, qui était, au contraire, une charge, un
onus, s'imposait au tuteur, et il était juste de se montrer moins sévère à son égard.

Citons un autre texte, le fr. 5, princip., de Papinien,
livre 26, titre 9. Un tuteur avait soutenu un procès
dans l'intérêt du pupille, il avait été condamné en personne avant la fin de la tutelle. La tutelle finie, les
comptes de gestion rendus, contre qui le demandeur
allait-il intenter l'action *judicati* ? S'il agissait contre
le tuteur, on reconnaissait à celui-ci le droit de para-
lyser l'action au moyen d'une exception. N'était-ce pas
toujours une conséquence de la représentation ? La
voie de recours était donc exclusivement ouverte contre l'ex-incapable. Mais comme ce dernier n'avait pas
agi lui-même, c'était d'une action utile qu'il était seulement tenu. Au moyen de cette innovation, on avait
voulu encourager les tuteurs à contracter des engagements dans l'intérêt des mineurs dont ils avaient la
garde, les empêcher d'hésiter devant la perspective
peu attrayante d'une responsabilité sans bornes. Le
patrimoine des impubères ne s'en trouvait en conséquence que mieux géré.

Cette réforme n'avait pas été sans rencontrer des difficultés, dont on trouve des traces dans les textes ;
mais, grâce à la pratique qui s'y était tenue, elle s'é-
tait implantée et elle constituait un progrès considérable.

Ainsi, en cas de tutelle, la représentation s'était débarrassée des entraves auxquelles le législateur, par respect des anciens principes du droit civil, n'avait pas encore touché dans la matière du mandat ordinaire. Seul, le préteur, pour favoriser des intérêts spéciaux, s'était décidé à y porter la main.

Sortons maintenant de la tutelle et voyons si Justinien osa compléter la réforme prétorienne, la théorie des actions *adjectitiæ qualitatis*.

CHAPITRE X

DE LA REPRÉSENTATION DANS LE DERNIER ÉTAT DU DROIT ROMAIN

Grâce aux actions *quod jussu*, *exercitoria* et *institoria*, on était arrivé à un semblant de représentation. Le recours donné *in solidum* contre le préposant, le recours inverse du préposant contre les tiers, dans certains cas, étaient autant d'étapes parcourues sur la route où s'engageront nos législations modernes. Un pas restait à faire : proclamer l'effacement complet du mandataire, n'établir de rapports directs qu'entre les tiers et les mandants. Justinien aurait pu ajouter cette amélioration à toutes celles qu'il fit subir aux vieilles traditions juridiques. Mais nous avons vu qu'au Digeste il avait conservé des textes qui, sans conclure exclusivement au maintien de l'ancien état de choses, laissaient subsister en notre matière de nombreuses hésitations. On n'avait pas encore de règles certaines, précises, dégagées de toute espèce d'équivoques.

Nous ne devons pas ici passer sous silence les opinions ingénieuses de savants romanistes qui s'attachent à prouver d'abord l'existence, sous Justinien, de la véritable représentation, puis, comme conséquence forcée, l'inutilité des actions *adjectitiæ qualitatis*, heureusement remplacées, suivant eux, par d'autres actions plus complètes et plus sûres dans leurs résultats.

En s'appuyant sur la loi 53, liv. 41, titre 1, du Digeste (1), M. de Savigny signale, dans le dernier état du droit romain, une distinction entre les contrats solennels et les contrats non solennels. Avec les uns, il n'y avait, d'après lui, rien de changé aux règles anciennes ; mais, avec les autres, il dépendait de la volonté des parties de parvenir à une représentation parfaite. Dans les contrats solennels, on ne dépassait pas les bornes de l'action institoire utile avec réciprocité ; dans les contrats non solennels, le mandataire ne jouait plus qu'un rôle tout à fait secondaire pour laisser le mandant en relation directe avec les tiers, à la condition que ce mandataire ne fût vis-à-vis d'eux qu'un simple porte-parole de son maître.

Le texte précité ne peut pas, croyons-nous, fournir d'argument bien concluant, si l'on songe aux nombreuses contestations auxquelles il a donné lieu au point de vue de sa rédaction. En outre fait-il bien allusion à la représentation ? Nous sommes plutôt de l'avis de ceux qui — parce qu'ils le voient figurer au titre du Digeste spécialement consacré à l'acquisition de la possession, — ne le considèrent que comme une man-

1. Dig., loi 53, l. 41, t. 1 : — *Ea quæ civiliter adquiruntur per eos qui in potestate nostra sunt, adquirimus, veluti stipulationem : quod naturaliter adquiritur, sicuti est possessio per quemlibet volentibus nobis possidere adquirimus.*

vaise répétition de la règle *per extraneam personam nobis possessio adquiritur* : dès que nous avons l'*animus domini*, la possession peut nous être acquise par un tiers, quel qu'il soit. D'ailleurs, si telle n'est pas la portée de la loi 53, 41. 4, comment expliquer qu'elle ne contienne pas plus de détails sur la réforme qu'elle aurait opérée ? Enfin, n'avons-nous pas au Code (IV, 27) la constitution 4, qui, en des termes plus clairs, reproduit les mêmes dispositions et vise très certainement une question d'acquisition de la possession (1).

De ce que de nombreux textes nous montrent l'emploi fréquent du *nuntius* à Rome, précisément pour la conclusion des contrats non solennels, puisque la *stipulatio* avait fini par rester la seule trace du formalisme antérieur, M. de Savigny identifie le *procurator* avec le *nuntius* ; il leur fait accomplir exactement les mêmes actes. Cela déroute les opinions communément admises : car partout ces deux rôles sont nettement définis et non confondus. Si le mandataire discute, négocie, conclut, en son nom personnel, un acte juridique, le *nuntius* n'est qu'un porte-parole, il n'a qu'à rapprocher deux volontés, son fait est purement matériel. Sans aucun doute, il est un *nuntius*, l'intermédiaire qui remplace une

---

1. Code. Constitution 1, IV. 27 : « *Excepta possessionis causa, per liberam personam, quæ alterius juri non est subdita nihil adquiri posse indubitati juris est. Si procurator igitur non sibi sed ei, cujus negotia administrabat, redintegratæ rei vindicationem pactus est, idque pactum etiam stipulatio inserdata est, nulla domino obligatio adquisita est. Servis autem res traditæ, dominis adquiruntur.*

simple lettre pour resserrer et rendre définitifs les engagements antérieurs de deux contractants. Il est encore un *nuntius*, celui qui est envoyé au tiers avec mission de lui présenter les observations de son maître, de discuter avec lui, par exemple, les prix de vente proposés par les parties lors d'une première rencontre, d'essayer de lui faire accepter le prix le moins élevé, ou, en désespoir de cause, de s'en tenir au prix arrêté par le tiers lui-même, si l'objet du contrat est indispensable au *dominus* : ici encore il n'y a qu'un rapprochement de deux volontés qui ne s'étaient séparées que pour un instant ; l'entente est intervenue sur ce qui avait déjà été débattu entre les intéressés. Peu importe que cette entente ait été rendue définitive par l'intervention d'un étranger. Mais il faut voir un véritable mandant, un *procurator* ordinaire dans celui à qui le mandant laisse toute liberté d'agir comme il l'entend, de faire sien en quelque sorte le contrat qu'il doit passer, quand bien même il aurait reçu l'ordre de parler au nom du mandant. Si, avec M. de Savigny, on veut qu'il y ait un *nuntius* dans cette dernière hypothèse, comme dans les précédentes, nous ne pouvons, certes, pas nous empêcher de déclarer, en présence des textes, qu'il y a là une exagération.

M. de Savigny invoque en sa faveur la loi 1, § 11, XVI, 3, D., d'Ulpien. Un dépôt est fait par un mandataire ; le déposant a l'action de dépôt si le mandataire a parlé au nom du déposant ; s'il a traité en son propre nom, l'action prend naissance sur la tête du mandataire et la cession d'actions est nécessaire. Ce texte n'a

pas trait, suivant nous, à la théorie de la représentation. Il s'explique par les règles de la *tradition* qui peut
se faire par l'intermédiaire d'un tiers.

A notre avis, il n'est pas possible, lorsqu'on a lu les
textes du Digeste, de mettre sur la même ligne le *procurator* et le *nuntius*. La loi 11, l. XLIV, tit. 7, fait
obstacle à l'existence de la vraie représentation (1).
Pour annuler toute la portée de cette loi, il eût fallu
des dispositions explicites et on n'en trouve nulle
part. Que restait-il donc des règles anciennes sous
Justinien ? Les actions *adjectitiæ qualitatis* avaient-
elles conservé toute leur étendue d'application ? Ou
leur avait-on substitué d'autres voies de recours plus
avantageuses encore ?

C'est ici qu'il importe de discuter la seconde théorie
que nous avons annoncée : une action de droit strict,
une *condictio*, aurait complètement remplacé les actions *quod jussu*, *exercitoria*, *institoria*.

Cette théorie repose sur le paragraphe 8, titre 7,
livre IV des Instituts de Justinien. *Illud in summa
admonendi sumus id, quod jussu patris dominive contractum fuerit, quodque in rem ejus versum fuerit,
directo quoque posse a patre dominove condici ; tanquam si principaliter cum ipso negotium gestum esset. Et
quoque, qui vel exercitoria vel institoria actione tene-*

---

1. Loi 11, XLIV, 7, D. : *Quæcumque gerimus, cum ex nostro
contractu originem trahunt, nisi ex nostra persona obligationis
initium sumant, inanem actum nostrum efficiunt ; et ideo neque
stipulari, neque emere, vendere, contrahere, ut alter suo nomine
recte agat, possumus.*

tur, directo posse condici placet, quia hujus quoque jussu contractum intelligitur. De ce texte on en rapproche un autre de Paul, qui écrivait au troisième siècle de l'ère chrétienne (loi 17, § 5, 14, 3).

Et un principe découle du passage des Institutes : c'est qu'une *condictio* est désormais à la disposition des tiers dans tous les cas où il est possible de recourir aux actions *quod jussu, exercitoria* et *institoria.* Comment expliquer cette *condictio* ? On est loin de s'entendre sur ce point.

Vinnius prétend que les actions adjectices avaient perdu toute leur utilité. M. Demangeat soutient aussi que, dans tous les cas, la *condictio* était donnée. Cependant cette opinion ne se heurte-t-elle pas à cette règle : que la *condictio,* spécialement réservée aux contrats de droit strict, ne saurait sanctionner les contrats de bonne foi? Et le texte 84, XVII, 2, Dig., ne fait pas tomber cet argument quand il nous apprend : *Quoties jussu alicujus vel cum filio ejus, vel cum extraneo societas coitur, directo cum illius persona agi posse, cujus persona in contrahenda societate spectata sit ;* car n'est-on pas en droit de voir ici, plutôt que la *condictio,* l'action *pro socio* intentée directement ?

Pour accorder la *condictio,* même en cas de contrat de bonne foi, on s'appuie aussi sur la loi 9, *principium,* XII, 1, D. Mais tout le monde ne tombe pas d'accord sur le sens précis de cette loi. Certes, nous admettons qu'on avait fini par étendre très largement le champ d'application de la *condictio certi :* grâce à elle, le créancier évaluait lui-même son droit ; il avait la faculté de provoquer le défendeur à la *sponsio penalis tertiæ partis*. Toutefois ces avantages étaient contre-balancés par les risques de la *pluspetitio*. Mais ne peut-on répondre à ceux qui invoquent cette loi 9, XII, 1, que, si les textes nous montrent, à l'époque classique, la très grande importance de la novation, qui permet-tait au créancier de transformer un droit de créance ayant sa source dans un contrat de bonne foi en un droit de créance dérivant d'un contrat de droit strict, cette importance était fort exagérée, s'il était loisible au créancier, sans avoir besoin de recourir à une no-vation, d'intenter une *condictio certæ pecuniæ*.

M. Demangeat cite encore à l'appui de son opinion, le fr. 29, l. XII, tit. 1, de Paul (1). Mais ce texte n'est-il pas relatif à une hypothèse spéciale et sa place au Di-geste n'indique-t-elle pas suffisamment qu'il se réfère au *mutuum* ?

M. Accarias donne ses préférences au système que nous venons d'exposer, et il admet aussi la *condictio* dans toutes les hypothèses. Dans celle de l'*in rem ver-sio*, nous n'avons, dit-il, qu'une conséquence de la théo-rie qui, bien avant la fin de l'époque classique, faisait ré-sulter une *condictio* de tout enrichissement sans cause. Dans celles du *jussum*, des actions exercitoire et institoire, on basait la *condictio*, avec les Instituts, sur ce que l'o-bligation, contractée en exécution de l'ordre direct ou

---

1. *Si institorem servum dominus habuerit, posse dici Julianus ait, etiam condici ei posse: quasi jussu ejus contrahatur, a quo præpositus sit.*

indirect du maître, était réputée contractée par celui-ci en personne. Il conclut à la possibilité pour le créancier d'exercer toujours une *condictio certi* à ses risques et périls, au lieu de l'action régulièrement engendrée par le contrat. Mais il ne repousse en aucune façon la co-existence de cette *condictio* avec les actions *adjectitiæ qualitatis*. Subsiste donc toujours l'avantage de ces dernières, qui est de ne pas exposer à la *plus petitio* comme l'action de droit strict.

Il ajoute qu'on ne saurait restreindre l'emploi de la *condictio* au cas unique du *mutuum*. Car le bénéfice de la *condictio* ne s'explique pas de la même manière pour le *mutuum* et pour les cas prévus par le paragraphe 8 des Instituts. Pour le *mutuum*, la *condictio ex mutuo* contre le mandant tire sa raison d'être de la règle *per extraneam personam possessio nobis adquiritur*. Au paragraphe 8 des Instituts, la *condictio* découle, au contraire, de l'enrichissement du maître, de son ordre, de la considération prise du *dominus* lorsque le tiers s'est obligé envers son mandataire.

Nous croyons préférable de nous rallier aux idées de MM. Ortolan et Labbé, et de n'accorder la *condictio* que si le contrat est de nature à lui donner naissance. C'était, en effet, le propre de la *condictio* de ne poursui-vre que l'exécution d'une obligation civile de droit strict et unilatérale. Limitée d'abord aux obligations de som-mes d'argent, on avait fini par la donner dans le cas d'obligations relatives à des choses indéterminées, même pour celles de faire et de ne pas faire ; mais elle n'a-vait jamais perdu son caractère de poursuite unilatérale et de droit strict. On devait la refuser par conséquent aux créanciers en vertu des contrats de bonne foi dont les effets bilatéraux ne pouvaient en aucune façon être sanctionnés par la *condictio*. Pour eux les actions *adjectitiæ qualitatis* étaient les seules sanctions possibles. Et en effet le texte des Institutes ne nous parle pas de l'effacement du mandataire, malgré l'action directe qu'il propose contre le mandant. N'est-ce pas que les deux débiteurs existent toujours comme par le passé avec leur responsabilité propre ? Le texte des Institutes ne nous dit rien sur la disparition des actions prétoriennes ; bien mieux, il nous laisse entendre par ses expressions que, loin de supprimer les anciens moyens de recours, il leur en a annexé d'autres : c'est du moins ce qu'on induit des mots *directo quoque posse a patre dominove condici*. Enfin ne peut-on pas ajouter que le texte des Institutes n'accorde la *condictio* que *tanquam si principaliter cum ipso negotium gestum esset*, c'est-à-dire en tant que le contrat avec le préposant l'aurait lui-même engendrée ?

Ces considérations permettent, à notre avis, de conclure que, sous Justinien, on n'était pas encore parvenu à créer la véritable représentation. Si, par la *condictio*, une arme nouvelle avait été mise aux mains des créanciers, dans des cas particuliers, les actions prétoriennes n'avaient pas cessé un seul instant de conserver toute leur utilité.

TABLE DES MATIÈRES

Droit romain.

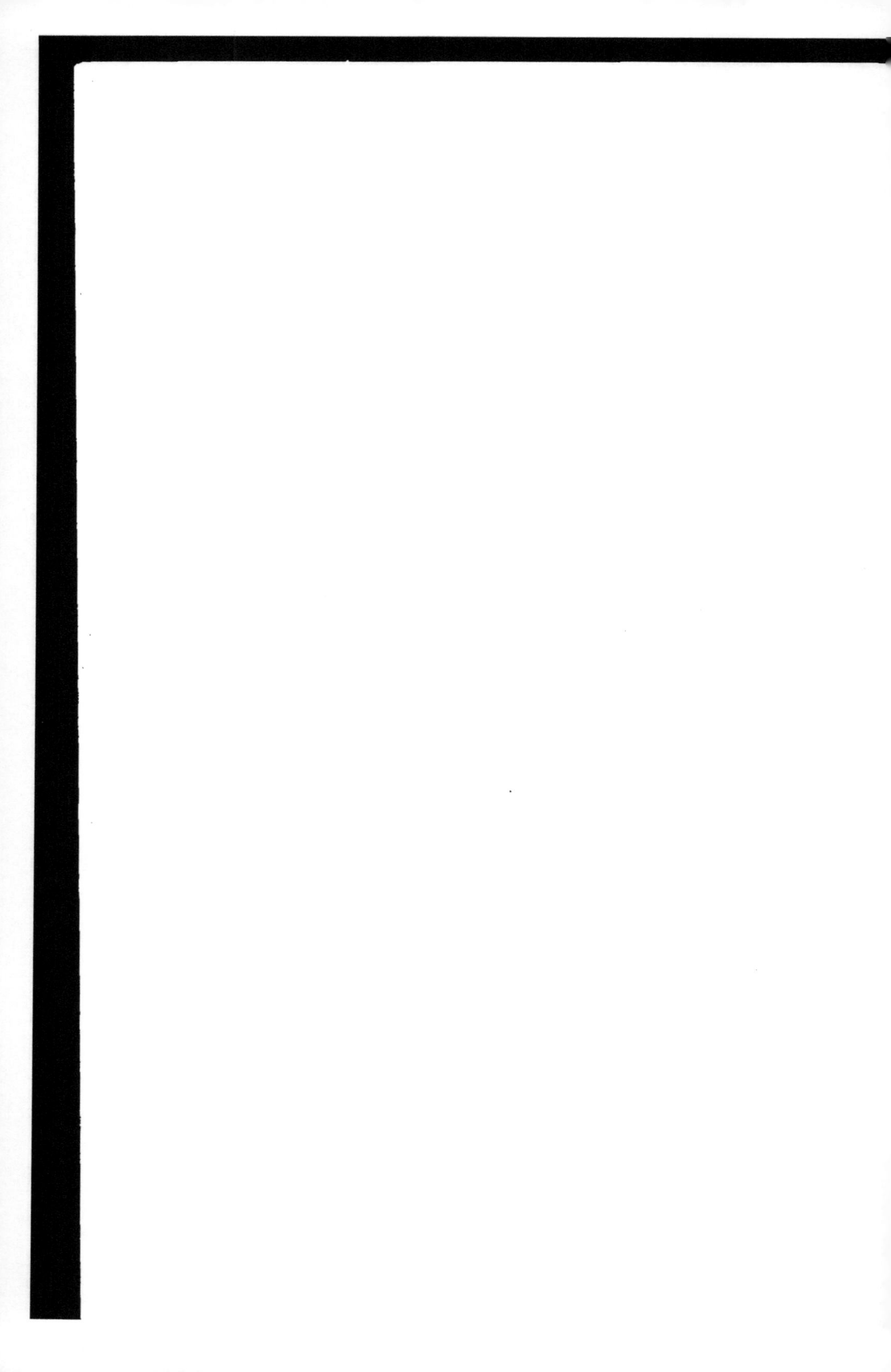

LE RÉGIME FORESTIER

ET LES BOIS DES COMMUNES

INTRODUCTION.

Le 24 juillet 1888, M. Viette, alors ministre de l'agriculture, déposait au Sénat un projet de loi sur les bois communaux. L'année suivante, avant la discussion et le vote du Sénat, des élections avaient lieu pour le renouvellement de la Chambre des députés, et les réformes contenues dans le projet, qu'elle avait adopté, étaient ainsi indéfiniment ajournées.

La question néanmoins ne fut pas perdue de vue.

Un député, M. Philippon, soumettait à ses collègues, le 2 avril 1892, une proposition de loi ayant le même objet que le projet de M. Viette. Jusqu'à présent, on ne l'a pas discutée.

Pas plus que son devancier, M. Philippon ne désire

le maintien de la législation actuelle sur les bois communaux ; pas plus que lui, il ne veut conserver à la propriété forestière le caractère exceptionnel qu'il faudrait lui laisser. Il fait rentrer les forêts communales sous le régime du droit commun ; il enlève aux agents de l'Etat la plupart de leurs attributions, et fait intervenir directement les municipalités dans la gestion de biens dont les communes sont seules propriétaires.

Celles-ci, sans doute, ne seraient pas opposées à un pareil régime. Mais y ont-elles un sérieux intérêt ? Les biens qu'il s'agit d'administrer n'exigent-ils pas, en raison de leur nature et de leur importance, de tout autres réformes, plus sages et aussi plus utiles ?

Quand on considère les immenses surfaces boisées qui s'étendent çà et là sur le territoire français, on se demande — tout ce qui est vaste en fait de forêts étant présumé appartenir à l'Etat — quelles peuvent bien être les richesses forestières de nos diverses communes. Ce qu'elles sont, les statistiques nous le disent.

En 1882, la France, abstraction faite de l'Alsace-Lorraine, possédait en bois une étendue de 9,455,225 hectares. L'Etat en avait environ un million, les communes 2,188,380, et les particuliers 6,267,071.

Les communes sont loin de se partager d'une manière égale ce domaine forestier de plus de **2 millions** d'hectares. Si, en effet, certains départements, le Pas-de-Calais, la Haute-Marne, la Saône-et-Loire, par exemple, se présentent avec des bois d'une étendue restreinte (1107 hectares, 16,659 hectares, 31,065 hectares), il en est d'autres mieux dotés par la nature, tels que les

Hautes-Alpes (100,390 hectares), la Côte-d'Or (102,000 , la Haute-Saône (114,675), et enfin les Vosges (117,703 hectares).

Les richesses forestières appartenant aux communes dont les terres sont les plus boisées constituent, on peut le dire, un patrimoine considérable, car les forêts, quelles que soient les essences dont elles se composent, ont une importance qui n'échappe à personne.

Les auteurs latins ne tarissent pas en éloges sur ces richesses éminemment utiles et même indispensables. C'est un bienfait suprême accordé à l'homme, dit Pline : *Summum munus homini datum. Sylva subsidium belli, ornamentum pacis,* lisons-nous dans Cicéron. Les esprits plus pratiques des temps modernes y voient encore autre chose : la quantité innombrable d'intérêts qu'elles satisfont. N'est-ce pas le cas de répéter avec le grand naturaliste romain : *mille sunt usus earum ?* Le bois est employé par presque toutes les industries. La plupart des meubles dont l'homme se sert sont en bois. C'est avec le bois qu'il prépare ses aliments, se chauffe, construit son habitation, transporte ses denrées. C'est aussi grâce à ce produit qu'il a pu étendre son empire sur les mers, établir ces voies de fer qui relient les villes, les pays, et relieront peut-être un jour les continents.

Les forêts nous rendent encore d'autres services. Elles ont sur les climats une influence inappréciable : leurs massifs provoquent des refroidissements et des dilatations dans les couches atmosphériques, et il en résulte des pluies fréquentes et bienfaisantes. Les forêts facilitent l'alimentation des sources: le terreau qui recouvre le pied des arbres permet aux eaux de s'infiltrer peu à peu ; au lieu de s'évaporer, elles gagnent les couches profondes du sol. Le ruissellement est ainsi évité, et, par suite, la formation de torrents dévastateurs. Pourquoi ne pas rappeler aussi que les forêts fixent les dunes, arrêtent l'armée des miasmes pestilentiels, absorbent le carbone de l'acide carbonique, dont elles restituent l'oxygène, et qu'elles contribuent, pour leur large part, au maintien de la salubrité de tout un pays ?

N'est-il pas naturel qu'en retour de ces services, elles soient l'objet de soins particuliers, et que le législateur prescrive des mesures dans l'intérêt de leur conservation ?

De ce caractère indéniable d'utilité générale on peut induire que les bois communaux constituent un genre spécial de propriété. Si les principes exigent ordinairement que tout homme ait la libre disposition du bien qui lui est propre, parce qu'il l'a acquis par son travail, parce qu'en l'exploitant il est logique qu'il songe avant tout à son intérêt personnel et à celui de sa famille, n'importe-t-il pas, néanmoins, de réglementer la jouissance de biens qui appartiennent, il est vrai, à tout un groupe d'individus, mais que nous devons, ce semble, après en avoir fait un usage raisonnable, transmettre aux générations futures à peu près tels qu'ils nous ont été légués par la sagesse de nos devanciers ?

A ceux qui invoquent le droit absolu et exclusif de propriété, on peut répondre qu'on se trouve ici devant une exception. A Rome, on définissait la propriété, *jus utendi et abutendi*, et on avait soin d'ajouter *quatenus ratio patitur*. C'est le cas d'appliquer cette définition dans toute son étendue. Serait-il bien prudent de placer les forêts sous la sauvegarde de l'intérêt privé ? Est-ce que cet intérêt n'est pas en antagonisme perpétuel avec l'intérêt général ? Combien ne voit-on pas de particuliers défricher en une fois, sans s'inquiéter des conséquences, d'immenses étendues de futaies séculaires pour avoir rapidement sous la main des sommes considérables, dont une partie n'est même pas affectée au reboisement ?

Nous combattons ainsi, nous le savons, l'opinion des économistes qui sont persuadés que, pour assurer la conservation des intérêts de la société, il n'est pas de meilleur moyen que de s'en remettre en tout à l'initiative des particuliers et même à celle des communes. Mais on ne saurait trop répéter que la prévoyance, qui souvent fait défaut à l'homme individuellement considéré, manque quelquefois aussi aux collectivités. Déjà impuissantes à sortir victorieuses des luttes qu'elles soutiennent fréquemment pour la sauvegarde de leurs propres patrimoines, elles n'entendent pas toujours travailler en faveur de l'avenir, quelle que soit la valeur du sentiment de solidarité.

D'ailleurs, la gestion de la propriété forestière est des plus compliquées ; elle exige des connaissances techniques très étendues ; elle nécessite des travaux de longue durée, car il faut au moins cent ans pour constituer une forêt. Et une commune, ou un particulier, n'est guère apte à se charger de pareilles opérations.

Et puis abandonner cette gestion aux conseils municipaux ne serait-ce pas les exposer à une funeste tentation, celle de tailler à tort et à travers dans les forêts, qu'ils considèrent comme une source inépuisable de revenus ? Comment résisteraient-ils au désir de sacrifier l'avenir au présent, s'ils avaient à combler les vides de la caisse communale, véritable tonneau des Danaïdes ; s'il leur fallait satisfaire à des besoins désordonnés de bien-être ? Plutôt que de chercher à assurer des ressources à leurs descendants, les membres des corps municipaux ne seraient-ils pas portés à hypothéquer l'avenir quand des nécessités multiples les forceraient à s'ingénier pour trouver des capitaux ? Ils ne songeraient pas que l'Egypte doit à des reboisements fort opportuns le relèvement de son agriculture ; que l'Algérie, autrefois boisée et sillonnée de cours d'eau abondants, à présent victime d'une gestion forestière probablement défectueuse, voit tarir de jour en jour le débit insuffisant des sources qui lui restent.

Une réglementation s'impose donc, une sage tutelle doit s'exercer. De ces biens, qui sont en quelque sorte des biens substitués, il ne faut à toute force abandonner aux communes que le seul usufruit sous la haute surveillance de l'Etat.

Sans aucun doute, on cause un préjudice à ces personnes morales, un préjudice notable, en les obligeant à conserver leur fortune sous la forme d'arbres exploitables à des âges plus ou moins avancés, et il est certain que leurs revenus doubleraient pour le moins, s'il leur était possible d'aliéner leurs forêts et d'en placer le prix en rentes sur l'État.

Mais ce n'est pas d'hier qu'on a réduit les communes à cette seule jouissance. Sans nous arrêter aux capitulaires de Charlemagne, de 800 et de 813, qui nous parlent déjà de *venatores* et de *forestarii ;* à la loi Salique, qui punissait le vol d'arbres de quinze *solidi*, peine excessivement sévère ; aux mesures de protection prises au début de la féodalité, mesures dont ne pouvons retrouver que des traces peu nombreuses, nous verrons que la royauté organisa avec un soin jaloux tout un système de défense en faveur du domaine forestier. Nous constaterons que c'est de Colbert et de Louis XIV (1669) que date la fameuse ordonnance sur les eaux et forêts, véritable code sur la matière dont se sont inspirés nos législateurs de 1827 et les législateurs étrangers. La Révolution qui avait cependant prescrit le partage des biens communaux entre les habitants, fit exception pour les forêts. Enfin, notre Code de 1827 (31 juillet), complété par l'ordonnance du 1ᵉʳ août de la même année, a fixé la législation, quelque peu flottante jusque-là par suite des bouleversements qu'elle avait eu à subir pendant la tourmente révolutionnaire ; il a définitivement établi un ensemble de règles particulières aux aménagements, aux coupes, aux défrichements, à la surveillance des forêts, aux produits principaux et accessoires qu'elles sont capables de fournir ; enfin il a soumis à ce régime forestier les biens communaux dont nous avons à nous occuper ici. Grâce à l'aménagement, on essaye de régulariser le rendement annuel des bois, en basant sur la possibilité la distribution des coupes qu'on leur demande, en les assujettissant au nombre de révolutions nécessaire pour répondre aux exigences de la culture. Car la question de culture se greffe sur celle de l'aménagement. Si ce dernier a pour but essentiel d'utiliser de la façon la plus normale les produits d'un territoire boisé, c'est à la culture qu'incombe l'obligation d'activer et d'améliorer la production. C'est la combinaison rationnelle de ces règles et leur application persistante qui permettent de faire nettement la distinction entre ce qui appartient au capital et ce qui appartient au revenu, pour empêcher que l'on ne mange, sans s'en douter, celui-ci avec celui-là. On objecte qu'avec la stricte exécution des lois en vigueur, si l'on tempère l'amour des richesses immédiatement réalisables, on n'en arrive pas moins à développer l'indifférence pour celles qu'il faut attendre. Mais on résiste facilement aux meilleurs raisonnements quand on peut répondre que, malgré la multitude des précautions prises jusqu'à ce jour, le domaine forestier, tant national que communal, s'il ne diminue pas, n'augmente pas non plus dans la proportion des besoins qu'on voit se manifester ; que l.. France n'occupe que le neuvième rang en Europe par sa production ligneuse, alors que sa superficie lui permet d'aspirer à un rang supérieur ; qu'enfin nous payons à l'étranger un tribut annuel de trois cents millions de francs pour combler le déficit du rendement de nos bois. Nous sommes loin du temps où nos forêts, notamment celle des Ardennes, avec son étendue de dix mille lieues carrées, épouvantaient les Romains par leur interminable développement de futaies. Il n'est peut-être pas inutile de rappeler ici que l'Asie et l'Australie n'ont guère de bois ; que l'Afrique barbare voit ses forêts superbes se ruiner sur place, faute d'exploitation ; que l'Amérique a encore juste de quoi satisfaire à sa consommation, et que l'Europe, quoique plus favorisée, se trouve dans la nécessité, devant le danger qui la menace, elle aussi, de redoubler d'attention, comme en témoignent les efforts des législateurs étrangers, nos voisins. L'Italie, la Suisse, la Russie, la Prusse, viennent de transformer leur législation forestière dans le sens de la stricte conservation des forêts. En France, nous sommes toujours sous l'empire du Code de 1827. En dépit de toutes les réclamations, notre législation est loin d'être excessive, si l'on considère que l'administration, en présence de la misère vraie des communes, recule souvent devant la nécessité de supprimer, par exemple, des abus de produits accessoires ou de restreindre certaines jouissances que l'intérêt général condamne.

Et cependant combien sont nombreuses les protestations contre les opérations de l'administration forestière, contre la soumission à ce régime forestier qu'on proclame une atteinte flagrante au droit de propriété.

Pourquoi conserver tant de futaies ? s'écrie-t-on de toutes parts. La marine construit ses navires en fer ; pour le peu de bois dont elle a besoin, les forêts de l'État ne suffisent-elles pas amplement ?

Pourquoi nous parler sans cesse de reboisement ? La loi du 4 avril 1882 n'a-t-elle pas prévu tous les dangers possibles, en s'occupant de la restauration et de la conservation des terrains en montagne ? Pourquoi, d'ailleurs, les communes consacreraient-elles à cette fin une partie de leurs ressources, puisqu'elles ne retirent pas de leur usufruit tous les avantages auxquels elles ont droit ?

L'administration forestière, ajoute-t-on, se considère trop comme infaillible. Quand on compare les résultats de sa gestion avec ceux de la gestion des propriétaires particuliers, on ne tarde pas à se convaincre qu'elle s'acquitte assez mal de sa tâche ; qu'il y a des erreurs dans sa méthode de culture, dans ses aménagements, qu'elle a tort d'appliquer à toute la France les mêmes principes de sylviculture, alors que ces principes devraient varier avec les différentes régions. Sous prétexte d'études, elle ne poursuit souvent, au détriment des communes propriétaires, que de vaines curiosités ; elle va même jusqu'à confondre l'arboriculture avec la sylviculture.

Et puis comprend-on qu'elle agisse toujours seule, sans s'inquiéter des municipalités intéressées ? La loi lui ordonne bien, en passant, de prendre, de temps à autre, leurs avis, mais combien c'est illusoire ; ce sont des avis dont le législateur permet lui-même de ne tenir aucun compte.

Cependant, dit-on encore, si, à la rigueur, la commune ne doit pas avoir l'entière disposition de ses bois, n'est-il pas désirable qu'elle puisse au moins envoyer, avec voix délibérative, aux conférences des agents forestiers ceux de ses membres qui se recommandent le plus par leur savoir et une longue expérience ? Des hommes pratiques qui connaissent, par exemple, les qualités du sol, les essences convenant à chaque terrain, ne pourraient-ils être de quelque utilité aux fonctionnaires de l'administration, remplis sans doute d'intentions excellentes, mais aussi un peu trop attachés peut-être à leurs bonnes théories ?

Nous aurons à vérifier la portée de toutes ces critiques, l'intérêt de ces diverses réclamations.

Est-il possible de laisser aux communes une liberté absolue dans l'administration de leurs forêts ? Est-il permis d'espérer que l'individualisme puisse réussir là où l'État lui-même, avec son autorité, ne réussit que très imparfaitement ?

N'est-il pas de beaucoup préférable d'améliorer la législation en vigueur, d'autoriser les communes à participer plus largement et plus directement à la gestion de leurs propriétés, de desserrer en leur faveur les innombrables entraves de l'administration ?

Ou bien faut-il aggraver l'état de choses actuel, en augmentant les obligations des communes, en développant la protection dont l'État, cette providence des faibles, couvre aujourd'hui les municipalités ?

Telles sont les questions qui feront l'objet de notre étude. Pour les traiter, nous adoptons les divisions suivantes :

Chapitre I : Origine des bois communaux. Leur gestion jusqu'au Code de 1827.

Chapitre II : Régime forestier actuel. Nous ne parlerons qu'incidemment des règles relatives à la jouissance.

Chapitre III : Critiques formulées contre ce régime. Réfutation de ces critiques. Innovations possibles.

Chapitre IV : Droit comparé.

CHAPITRE PREMIER

ORIGINE DES BOIS COMMUNAUX

MOYEN-AGE. FÉODALITÉ. ROYAUTÉ. RÉVOLUTION.

§ 1. — Moyen-âge.

Il est probable qu'avant la conquête romaine, les
Gaulois possédaient en commun les vastes forêts où ils
vivaient, disséminés sur les plateaux, dans les clai-
rières, au bord de quelque cours d'eau. Mais ce n'est
pas à cette époque qu'il convient de se reporter, si l'on
veut découvrir de véritables bois communaux, c'est-à-
dire appartenant chacun à un groupe d'habitants qui
en avait la libre jouissance. D'autant plus qu'après
l'envahissement de la Gaule par les armées de César,
il s'écoula de longues années encore sans qu'on fît de
distinction entre les biens des collectivités, et même
sans qu'on songeât à les soumettre à des règles d'administration différentes (1). Toutefois les textes nous
apprennent que l'établissement des Romains dans le
pays de nos ancêtres eut pour résultat de multiplier les

1. Rivière, *Histoire des biens communaux.*

civitates — (et par ce mot il ne faut pas entendre les villes, mais bien les divisions territoriales). — A chaque *civitas* les vainqueurs donnaient une certaine étendue de territoire, qui, sous le nom d'*ager publicus*, constituait une propriété commune à tous les habitants. Trouvait-on des bois dans cet *ager publicus ?* L'immensité des forêts qui couvraient alors la terre gauloise permet de le supposer ; et les principes de gestion et d'administration devaient, ce semble, d'après le régime municipal romain, être forcément les mêmes pour les diverses parties de ce patrimoine commun.

Les vastes bandes de territoire boisé que, sous le nom de *marches*, les cités avaient voulu conserver entre elles, en manière de frontières, formaient des biens appartenant aussi à des collectivités, et dont rien n'entravait la jouissance.

Avec les invasions barbares, il se produisit fatalement des bouleversements considérables dans la propriété, établie par les Romains sur les bases de leur propre législation dans chacun des pays conquis. A la différence du Nord, qui devint la proie de l'envahisseur, le Midi, mieux organisé par suite d'une occupation romaine de plus longue durée, put résister avec plus de facilité, et sut obtenir de l'ennemi le respect de ses biens, forêts ou autres, par des traités réguliers et des partages volontaires de provinces. Aussi croyons-nous pouvoir comprendre dans la *sylva communis* dont nous parlent les lois barbares non seulement les forêts qui n'appartenaient à personne, *res nullius*, mais encore celles que, par un échange de bons procédés, les

Gallo-Romains et les nouveaux venus s'étaient entondus à maintenir dans l'indivision pour en jouir en commun.

§ II. — Féodalité.

Avec la féodalité, la question d'origine des bois communaux se complique. Il s'agit ici de savoir si, avec leurs usurpations sans nombre, avec la rapide extension de leur puissance sur des domaines qu'ils placèrent sans réserve sous leur étroite domination, les seigneurs féodaux n'avaient pas réussi à supprimer la propriété communale. On distingue à ce sujet entre le nord et le midi de la Gaule.

Dans le Nord, les seigneurs et l'église n'avaient pas tardé à faire peser leur suzeraineté sur la majorité des communes. Maints titulaires d'offices n'avaient pas hésité à se reconnaître des droits de domaine sur les terres qu'on leur avait confiées. Bien des collectivités d'habitants, incapables de résister seules aux troubles et aux violences qui agitaient le pays, s'étaient vues dans la nécessité d'acheter la protection des seigneurs par l'abandon de ce qu'elles possédaient, sauf à reprendre leurs biens à titre de fiefs et de censives. De sorte qu'en présence de cet état de choses, on s'est justement demandé s'il fallait repousser la théorie des jurisconsultes de la Révolution, qui (décrets des 15-28 mars 1790 et du 28 août 1792) reconnaissaient aux communes une propriété native, et conclure à la non existence des communaux ou du moins faire remonter aux concessions seigneuriales l'origine de ces biens. Nous avons heureusement des textes qui nous font constater qu'à l'époque franque, indépendamment de toute idée de sujétion, des pâturages, des terres vagues, des forêts, appartenaient en propre à des communes. L'un de ces textes remonte à l'an 1003 et s'occupe d'une collectivité d'habitants de la Bourgogne. Une charte accordée à la ville de Pontarlier, en 1257, renferme les mêmes dispositions. D'ailleurs une charte de 1137 et la coutume des chevaliers de Narbonne nous montrent de véritables communautés de villages où on distinguait deux sortes de biens, les uns affectés à la jouissance individuelle de chacun des habitants, les autres ne comportant qu'une jouissance générale et commune à tous. Il importe d'ajouter qu'ici le droit de propriété se compliquait d'un droit de domaine direct au profit du seigneur. Cette souveraineté seigneuriale fut surtout favorisée dans les pays du Nord, où les alleux furent presque entièrement exclus du régime des terres pour qu'on pût appliquer dans toute son étendue l'adage de *nulle terre sans seigneur*. Quoi qu'il en soit, disons tout de suite, avant de poursuivre notre étude, que si la féodalité donna naissance à des biens communaux, il y en avait déjà, qui subsistèrent avec leur caractère primitif.

Dans le Midi, au contraire, où la règle de *nul seigneur sans titre* était en pleine vigueur et où les lois romaines s'étaient enracinées beaucoup plus profondément, les communes ne se virent pas enlever leur patrimoine forestier avec autant de facilité. A la ville de Dôle on conserva toujours les biens qu'elle tenait depuis la conquête romaine. Dans une charte d'affranchissement, en date de juillet 1274, nous trouvons que la comtesse palatine de Bourgogne reconnut aux habitants de Gendrey la pleine propriété de certaines forêts (1).

Le mouvement d'émancipation des communes, aux XI° et XII° siècles, contribua largement à l'extension du domaine communal. S'il est exact en partie que les seigneurs, obligés de céder devant les réclamations et la force, n'accordèrent le plus généralement aux populations soulevées que des concessions de jouissance, on rencontre aussi des concessions de propriété. Seulement ce qui caractérise ces dernières, c'est que les concédants se réservaient toujours sur les terres abandonnées quelques droits particuliers, notamment le droit de chasse. La charte de Vervins de l'année 1163 en est un exemple, et celle de Nîmes (1185) nous montre une donation de vastes terrains boisés faite à la ville afin qu'elle pût y faire paître ses troupeaux.

On trouverait aussi, au dire de certains auteurs, l'origine des bois communaux dans le cantonnement (2). Le cantonnement est un mode d'extinction des usages aux bois. Pour protéger sa propriété contre les abus qu'y commettent fréquemment ceux qui ont sur elle des droits

1. Roussel, *Dictionnaire des coutumes du Jura.*
2. Maulde, *Condition forestière de l'Orléanais.*

de jouissance, le propriétaire grevé donne un canton
de sa forêt aux usagers qui deviennent propriétaires.
Cela s'est pratiqué de très ancienne date, assure-t-on.
Et, dans ces cantons, les communes ont eu des communaux proprement dits.

Telle n'est pas notre opinion.

Le cantonnement, tel qu'il est défini dans l'article 63
du Code forestier de 1827, ne doit dater que du dix-huitième siècle. Sans le confondre avec le triage, droit
exorbitant en vertu duquel le seigneur, considérant les
biens appartenant aux communes comme des concessions exclusivement seigneuriales, se permettait de
leur en reprendre un tiers, et plus souvent davantage,
en toute propriété, pour leur abandonner entièrement
les deux autres tiers, il est à considérer que le propriétaire de la forêt recourait en fait à d'autres procédés
moins onéreux pour lui. Il y avait principalement l'a-
ménagement ou la réserve. Partant de cette idée que
tout concédant avait la faculté de rendre pour lui la
concession aussi peu lourde que possible, et que les
usagers n'avaient aucune réclamation à élever pourvu
qu'on leur accordât tous les produits nécessaires à leurs
besoins, on se contentait de restreindre la jouissance
à une portion déterminée de la forêt, sans en transférer
la propriété aux ayants droit. Nous n'allons pas cependant jusqu'à refuser aux seigneurs de cette époque le
droit de cantonner dans le sens moderne du mot.

Si la majorité des auteurs considèrent le cantonnement
comme inexistant en 1544 et en 1550 en tant que mode
général d'extinction des usages, il n'était pas pour cela

interdit. Aussi longtemps que les droits honorifiques n'étaient pas aliénés ou abandonnés, les seigneurs pouvaient transmettre à leurs vassaux, ainsi qu'à tous autres, le domaine utile de leurs terres, soit par un acte direct de vente, soit par une transaction, soit de toute autre manière. Un arrêt de la Table de marbre (2 juillet 1572) dit précisément qu'un propriétaire de pâtureaux soumis à des droits d'usage a été admis, pour les éteindre, à attribuer aux usagers un droit de propriété.

L'institution du cantonnement de l'article 63 du Code forestier fut provoquée par une mesure de l'ordonnance de 1669 sur les eaux et forêts. Cette ordonnance réglementait le domaine forestier en vue de réprimer les abus et de développer la production des futaies pour les constructions de la marine militaire (art. 2, tit. 25). Pour assurer l'application de ses dispositions, elle prescrivait à chaque propriétaire de réserver un quart de ses bois en futaies.

Mais comment établir utilement des quarts en réserve dans des bois grevés d'usages communaux ? Il fallait à toute force restreindre les droits des usagers. De là l'utilité du cantonnement, que ne consacrait d'ailleurs aucun texte de loi. L'emploi de ce mode d'extinction fut aussi favorisé par cette autre circonstance que la valeur du bois augmentait avec les progrès de l'industrie, et qu'on était dès lors bien plus certain de faire accepter aux intéressés un payement en nature qu'un payement en argent.

Les communaux dont nous avons constaté l'existence

ne purent d'abord appartenir qu'aux villes. Les popula
tions des campagnes, que des liens étroits de dépendance
attachaient à la terre, n'arrivèrent à en posséder que plus
tard. Les hommes de *poest*, c'est-à-dire *in potestate domini*, sous l'*imperium* du seigneur, anciens colons ou
affranchis sur lesquels il avait retenu des franchises, n'a-
vaient pas accès à la propriété en leur qualité de tenan-
ciers. Quand une sorte de personnalité eut fini par être reconnue à leurs communautés vers le XVIe siècle, l'acquisition pour eux-mêmes de biens communs leur fut également permise (1).

Que l'administration des communaux ait, pendant
le moyen-âge, varié suivant les régions, cela se comprend : chaque province avait, à cette époque, ses coutumes particulières. Dans certaines communes, on usait,
on disposait librement des forêts ; dans d'autres, les
seigneurs, avec leurs grueries et leurs gruyers, exer-
çaient une active et rigoureuse surveillance. Les habitants de quelques villes du Jura choisissaient deux prud'-
hommes et les chargeaient de pouvoirs d'administration
très étendus ; tous les dimanches, ces deux magistrats
jugeaient les délits constatés par les gardes qu'ils nommaient seuls et infligeaient les peines et les amendes—
(Rousset, Bletterans). La ville de Poligny ne vit retirer
à son maire et donner à la maîtrise royale qu'en 1734
le droit, déjà ancien, de régler les coupes et de procéder aux recolements. Les coutumes de Lorraine, les
plus complètes peut-être au point de vue des textes qui

1. Aucoc, *Sections de communes.*

concernent la propriété forestière, attribuaient l'administration des bois communaux aux seigneurs hauts justiciers. On ne vendait de coupes qu'en vertu d'une autorisation seigneuriale ; et des amendes et la confiscation des bois étaient la sanction des règles établies (1). La majorité des dispositions prises au point de vue de la réglementation de la jouissance des droits de pâturage, des exploitations, tendait, d'ailleurs, à la conservation de tous les bois sans distinction.

§ III. — Royauté.

La royauté, qui avait intérêt à amoindrir la puissance des seigneurs féodaux, toujours jaloux de leurs prérogatives, trouva le moyen, à propos de la protection à assurer aux forêts, d'affirmer une fois de plus son autorité souveraine. Témoin des inconvénients qu'engendrait la diversité des coutumes et frappée des dangers multiples résultant des exigences seigneuriales, mue, d'ailleurs, par cette idée nouvelle que les forêts diffèrent des autres biens, étant, pour ainsi dire, par leur utilité générale, des choses de droit public, elle s'occupa sérieusement des bois communaux et rendit à leur sujet quantité d'édits et d'ordonnances de 1518 à 1789.

1. Richebourg. *Coutumier général. Coutume de Lorraine, titres* 14, 15, 16.

Après s'être contentée de donner aux intéressés
de sages conseils, après les avoir engagés, par un
édit de janvier 1518, sous François 1", à veiller à
à l'entretien de leurs bois, à suivre, si bon leur semblait, les règlements appliqués au domaine royal, elle
se permit bientôt une intervention plus directe et plus
efficace ; elle créa des conseillers spéciaux à la
Table de marbre de Paris, força les propriétaires
à soumettre leurs procès à ses propres officiers des
eaux et forêts, ordonna le bornage des bois communaux, la réglementation des coupes, les réserves du
tiers des forêts en futaies, interdit les défrichements,
et imposa son autorisation préalable aux coupes les
plus importantes, sous peine d'une répression rigoureuse de la part de ses agents spéciaux (ordonnances
d'octobre 1561 et de mai 1597). Elle s'investit enfin
d'une surveillance qu'elle s'efforça de généraliser, fit
faire des inspections et relever les usurpations dont
les seigneurs s'étaient rendus coupables.

Cependant la ruine s'acharnait sur les biens communaux. La royauté, à cette époque, n'était pas encore
devenue assez puissante pour l'arrêter. La féodalité
avait bien perdu de son pouvoir dans les villes, mais
elle triomphait toujours dans les campagnes. Elle se
réservait, de son seul gré, une part des exploitations
et des coupes ; elle recourait au besoin à la violence et
à la suppression des titres pour s'arroger des droits de
de propriété. Les ordonnances de 1567 et de 1575 n'ayant
pu faire disparaître le mal, des plaintes furent insérées
dans les cahiers des États-Généraux de Blois (1576).

Pour faire face aux dépenses continuelles occasion-
nées par les guerres religieuses, bon nombre de communes avaient vendu à vil prix une grande partie de
leurs biens. Après avoir donné à celles de Bourgogne,
obérées de dettes, la permission de maintenir toutes
leurs aliénations, Henri IV, par un édit de 1600, autorisa la plupart de ces collectivités à recouvrer leurs
bois, en faisant résilier les ventes fictives qui les en
avaient dépouillées et en remboursant le simple prix
qu'on leur avait versé. Une ordonnance de 1629 interdit en outre aux seigneurs de faire main-basse sur le
domaine communal: interdiction inutile, car ils continuèrent d'en disposer comme s'ils en étaient les maîtres.

C'était le spectacle d'une dilapidation effrénée.

Heureusement, l'édit de 1667 vint défendre plus fermement de troubler les communes dans leur jouissance,
annuler les ventes et les échanges qui leur avaient été
imposés, et affirmer le principe d'après lequel toute
aliénation, pour être valable, devait être autorisée
par le roi et un décret de justice spécial. C'était placer
ni plus ni moins les forêts communales sous la tutelle
de la royauté. Pour compléter la réforme, on aborda
la question du droit de retrait seigneurial, du triage,
dont on avait jusque-là abusé outre mesure, sans distinguer entre les biens acquis par les communes à titre
gratuit et ceux acquis à titre onéreux. Le roi déclara, en
1667, radicalement abolis les triages faits pendant les
trente dernières années, et les seigneurs ne devaient désormais réussir dans leurs réclamations qu'à la condition
de prouver par titre la légitimité de leur possession.

Ces mesures ne laissèrent pas de provoquer des tempêtes de protestations. Tous les intéressés s'entendirent pour résister à ces innovations, qu'ils considéraient comme des atteintes directes à leur droit de propriété. C'est un peu à ce mouvement et aussi au défaut d'un ensemble de textes clairs, précis, généraux, propres à remédier à un mal que Colbert déclarait presque impossible à guérir, qu'on dut la célèbre ordonnance de 1669. Plus que jamais l'idée qui présida aux améliorations si désirées fut que la conservation de la richesse forestière importait à toute la nation. Les bois nationaux, les bois des communes, et jusqu'à un certain point les bois des particuliers, furent soumis au même régime. Le parlement essaya bien de s'opposer à la volonté royale: un lit de justice triompha de cette opposition.

On revint sur le droit de triage ; on en permit l'exercice avec cette restriction qu'il fallait que le communal résultât d'une concession seigneuriale à titre de copropriété indivise avec la communauté, à titre purement gratuit et sans charge d'aucune redevance ; les deux tiers restant aux habitants devaient suffire à la satisfaction de leurs besoins ; le partage n'était possible qu'en justice, et non à l'amiable, devant les grands maîtres des eaux et forêts. On avait ainsi tempéré la rigueur de l'ordonnance de 1667. Le roi, de son côté, avait renoncé, quelque temps auparavant, à son droit de triage, par un édit d'avril 1669.

La nouvelle ordonnance contenait un titre entier sur les bois des communes et des paroisses ; elle en

réglait très minutieusement la gestion économique.
Les agents royaux désignaient le quart de futaies à
conserver. Ils prescrivaient et surveillaient l'arpentage. Les officiers des maîtrises réprimaient les délits,
sauf dans certaines provinces où ils partageaient cette
juridiction avec les juges seigneuriaux. La surveillance
était confiée à des gardes nommés par les collectivités
et, à leur défaut, par le juge de l'endroit. Aux produits
des forêts on donnait plusieurs· affectations. Les uns,
les coupes annuelles, se distribuaient entre les habitants sous la surveillance de la maîtrise ; les autres, les
futaies et les quarts réservés, ne s'utilisaient que dans
les circonstances urgentes avec l'autorisation expresse
du roi.

Telle était cette importante réglementation que l'on
suivit jusqu'à la Révolution. Car, de 1669 à 1789, la
royauté ne compléta plus la législation forestière que
sur des points de détail par des édits et des arrêts rendus en conseil du roi. Un édit du 8 janvier 1715 décida,
par exemple, que la justice royale serait investie, à
l'exclusion des juges seigneuriaux, du droit de poursuivre les individus coupables de délits forestiers (Bau-
drillart). Un arrêté du 11 novembre 1738 soumettait à
l'autorisation du roi la coupe et la vente des arbres
épars sur les terres des communes. Le 20 juin 1741, le
roi se reconnaissait la compétence exclusive en matière d'aménagement. Quelques règlements, enfin, de
1764 et de 1769, prévoyaient le reboisement, en édic-
tant l'obligation de créer des pépinières dans les terrains vagues.

§ IV. — Révolution

La Révolution, qui bouleversa si profondément les institutions de la monarchie, ne manqua pas de transformer la législation forestière. Malheureusement, les troubles et les violences, les longs débats qu'il fallut consacrer à l'établissement du nouveau régime, empêchèrent le législateur de reconstituer promptement ce qu'il avait proclamé aboli, et, pendant quelques années, il y eut dans l'administration des forêts une anarchie incroyable. Un vent violent de réaction souffla dans tout le pays. Tous les biens seigneuriaux furent qualifiés de biens usurpés. De là pour les communes un empressement irrésistible à s'emparer de domaines dont elles prétendaient toutes avoir été injustement dépouillées.

Une loi des 6, 7, 11 septembre 1790 dut intervenir et décider que l'abolition des privilèges n'avait pas eu pour but de faire acquérir des droits sur les terres des privilégiés. Mais cela ne suffit pas pour empêcher les pillages, les déprédations dans les forêts. On méconnut les pouvoirs des officiers des maîtrises. Les tribunaux de district, chargés, à leur place, de la répression, ne réussirent pas mieux à combattre les abus. En vain imposa-t-on aux municipalités la nomination de gardes pour la protection de leurs bois et les menaça-t-on de faire, à leur défaut, choisir ces surveillants par le directoire de district lui-même. Une réorganisation nouvelle et complète était devenue indispensable. Elle ne se produisit qu'avec la loi des 15-20 septembre 1791.

Avant d'en examiner les principales dispositions, il convient de rappeler que, le 15 mars 1790, imitant en cela l'ordonnance de 1667, un décret, rendu sur la proposition de Merlin, avait aboli tous les triages faits, depuis trente ans, en violation des règles de l'ordonnance de 1669.

En vertu de l'article 11 de la loi de 1791, furent soumis au régime forestier les bois communaux et les bois indivis entre les communes et la nation. La municipalité nomma ses gardes forestiers sous l'approbation du conservateur. A des agents forestiers spéciaux appartinrent la poursuite des délits, le contrôle de l'exploitation, l'aménagement et la réglementation des coupes. On ne put toucher aux futaies et aux quarts en réserve qu'avec une autorisation du pouvoir exécutif. Seulement, avant de passer à l'application des nouveaux règlements, on voulut trancher la question de la vente et de la conservation des forêts de la nation, et on ajourna la mise en exécution de la loi de 1791.

Dès lors furent prises plusieurs mesures législatives propres à remettre provisoirement le bon ordre dans l'administration des forêts. En 1792, l'assemblée législative ne se contenta pas de déclarer les triages impossibles pour l'avenir et de faire respecter le décret du 15 mars 1790, elle alla jusqu'à abolir tous les triages effectués depuis 1669 ; elle reconnut aux communes le droit ne s'octroyer des terres sous la seule condition de s'adresser aux tribunaux dans un délai de cinq ans. S'inspirant de l'état d'esprit favorable des législateurs, on ne tarda pas à admettre que la seule justification d'une possession ancienne suffirait amplement pour réussir, si les seigneurs intéressés ne parvenaient pas à présenterdes titres de propriété contraires ou à exciper d'une possession de quarante ans.

Remarquons, en passant, qu'il était beaucoup trop rigoureux d'exiger une preuve par titre ou par simple reconnaissance de concessions qui pouvaient remonter à des dates très anciennes. Mais on ne recula pas devant cette injustice, on l'aggrava plutôt, car, en 1793, à la preuve d'une possession de 40 ans on n'hésita nullement à substituer la nécessité de produire de véritables actes authentiques, relatant le titre en vertu duquel le seigneur se prétendait propriétaire. C'était faire aux communes une situation assurément trop avantageuse, car si des usurpations avaient été pratiquées sous la féodalité et la monarchie, dans bien des cas cependant la propriété des seigneurs devait être à l'abri de toute atteinte, malgré l'absence de preuves complètes, irrésistibles.

Pour rêmédier au mal, la loi du 10 juin 1793 créa la juridiction arbitrale. Des arbitres furent chargés de statuer sur des prétentions des réclamants. Ces juges, nécessairement partisans des nouveaux principes politiques, n'arrêtèrent pas le courant des convoitises. On fut bien vite obligé de rendre aux tribunaux ordinaires la compétence des questions forestières (Décrets des 4 brumaire et 9 ventôse an IV).

On crut même nécessaire de demander la révision des sentences arbitrales qui avaient été rendues. Sous peine de voir s'évanouir leurs prétendus droits, les communes furent mises en demeure de présenter titres et jugements à l'examen des tribunaux. Tel fut le but que se proposa la loi du 28 brumaire an VII ; mais cette loi resta lettre morte, faute de sanction suffisante.

Une loi du 14 ventôse an XII se montra plus énergique, en chargeant les conseils de préfecture du même examen des pièces justificatives, dans le délai d'un an, et elle posa en règle que, ce délai expiré, les intéressés se trouveraient déchus de leurs droits s'ils ne se conformaient pas à ses prescriptions.

Chose curieuse à constater, à côté d'un grand nombre de communes qui échouèrent dans leurs demandes, il y en eut beaucoup qui, possédant sans titre des domaines forestiers très importants, ne remplirent aucune formalité, ne firent consacrer d'aucune façon leur mainmise sur les biens qu'elles s'étaient adjugés et continuèrent à en user sans jamais être inquiétées.

Comment se pratiqua la jouissance des biens communaux avant l'application de la loi des 15-29 septembre 1791, c'est ce que nous allons dire en quelques mots.

L'Assemblée Constituante n'avait pas modifié les modes d'exploitation antérieurs. Après avoir défendu le partage des forêts entre les membres des communes, elle avait consacré la division par tête des produits entre les habitants, sans distinction d'âge ni de sexe (1). Jusqu'à l'an IV, la vente des coupes dans les forêts do-

1. Lois du 14 août 1792 et du 11 juin 1793.

niales et communales releva des directoires de district. Lorsqu'elle leur fut retirée, elle fut confiée aux municipalités. Il n'est pas inutile de faire remarquer que jamais elles ne se préoccupèrent de la conservation des bois ; qu'elles ne firent rien pour assurer le rendement annuel régulier et soutenu ; que, voyant les embarras au milieu desquels se débattaient les partis politiques, elles s'empressèrent d'en profiter pour se débarrasser de toute espèce de surveillance et supprimer le reste d'influence que pouvaient avoir conservé les officiers des maîtrises.

Ce fut en l'an IX qu'on se décida enfin à utiliser la loi de 1791. On reprit alors aux communes les forêts usurpées sur le domaine de l'Etat. En l'an X, on confia aux mêmes agents la garde, la gestion des bois communaux. Les municipalités avaient-elles à nommer des surveillants, l'approbation du conservateur des forêts était imposée. Sur le revenu des communes ou sur le produit des coupes, l'administration prélevait le montant des salaires qu'elle avançait à ses agents, qu'elle pouvait, d'ailleurs, destituer.

Tel fut le régime qui subsista jusqu'en 1827.

Le 31 juillet de cette même année, parut le Code forestier. Dans son article 218, il déclara abrogés pour l'avenir les lois, ordonnances, édits et déclarations, arrêts du conseil, arrêtés et décrets, et tous règlements intervenus, à quelque époque que ce fût, sur les matières dont il s'occupait. Une ordonnance du 1er août 1827 vint s'ajouter aux nouvelles lois pour en régler l'exécution.

C'est à l'examen de cette législation, encore en vigueur aujourd'hui, que nous consacrerons le chapitre suivant.

CHAPITRE II

DU RÉGIME FORESTIER IMPOSÉ AUX BOIS DES COMMUNES PAR LE CODE FORESTIER DU 31 JUILLET 1827.

§ 1. — Nécessité du régime forestier.

Comme le disait à la Chambre des députés M. Favard de Langlade, dans le rapport qu'il lui présentait, le 12 mars 1827, sur le projet de Code forestier : « Les biens communaux sont administrés par des mandataires légaux, dont il serait imprudent de ne pas limiter les pouvoirs. La prospérité des agrégations diverses concourant au bien général de la grande communauté qui les réunit toutes, il importe au gouvernement d'imprimer une bonne direction à la gestion de leur fortune et de les préserver des conséquences dangereuses d'une administration trop indépendante. La protection dont elles ont besoin a toujours pris sa source dans une sage fiction qui, les regardant comme mineures, justifie la prévoyance du législateur et l'intervention tutélaire de l'autorité dans le maniement de leurs propres affaires. »

C'est en se basant sur ces considérations que le Code de 1827 a soumis les bois communaux au régime forestier. Soumettre au régime forestier, c'est placer sous la surveillance de l'administration forestière, vaste institution composée d'agents et de préposés, chargés de l'exploitation, de la conservation et du développement du domaine boisé de l'État, des communes et des établissements publics. Si cette administration a pour mission de prévenir à la fois les abus de jouissance des propriétaires et les déprédations des délinquants, d'assurer tant aux générations futures qu'aux générations présentes les produits ligneux les plus avantageux et les plus constants possible, elle doit, pour la remplir, combiner de son mieux l'action de ses nombreux fonctionnaires avec celle des représentants naturels des communes, étroitement intéressées, en leur qualité de propriétaires, à intervenir dans la gestion de leur patrimoine.

Nous constaterons à cet égard, dans le courant de cette étude, qu'il y a lieu de distinguer les cas où l'administration agit seule, ceux où elle procède de concert avec les communes émettant des avis, qui, pour des raisons d'intérêt général, ne sont pas toujours suivis, ceux enfin, les plus rares, où la commune, délivrée de tout contrôle, est juge souveraine des décisions qu'il lui semble utile de prendre.

Avant de passer en revue ces différentes hypothèses, résumons les causes principales de la soumission au régime forestier. On peut, croyons-nous, pour plus de clarté, diviser les mesures prises par la loi en mesures d'administration générale et en mesures de protection.

Parmi les premières, on range l'indication des bois à soumettre au régime forestier, la réglementation des aménagements, des coupes, des produits accessoires, dans les bois communaux. Aux frais que nécessitent toutes ces opérations, les communes participent très largement. Pour assurer l'exécution des règlements, elles doivent confier la surveillance de leurs domaines boisés à des gardes, dont le salaire est inscrit dans leurs budgets au nombre des dépenses obligatoires. Nous étudierons à cette occasion les moyens ingénieux auxquels elles ont recours pour se procurer toutes les ressources nécessaires.

Parmi les secondes, se placent les opérations de délimitation et de bornage, l'interdiction de défricher, de partager les bois communaux, l'obligation de constituer des quarts en réserve, enfin, les procédés employés pour rendre plus léger aux collectivités l'exercice des usages forestiers auxquels elles sont assujetties et plus prompte l'extinction de ces mêmes usages par le cantonnement et le rachat.

§ 2. — Quels sont les bois communaux qui sont soumis au régime forestier ?

C'est l'article 1. 4°, du Code forestier qui, consacrant les vieilles traditions dont nous avons parlé dans le chapitre précédent, soumet d'une façon générale les bois des communes au régime forestier. Les articles 90 à 112 déduisent les conséquences de ce principe.

Pour que la soumission soit prononcée, il faut deux conditions réunies : le bois doit appartenir à la commune ; il doit être susceptible d'aménagement.

Le droit de propriété n'est pas toujours facile à établir ou à prouver. Si les contestations ne sont pas à redouter quand on possède un titre de concession constituant une preuve irrésistible, il en est autrement quand il n'en existe aucun. En pareil cas, il arrive parfois que, dans la jouissance, les intéressés trouvent des commencements de preuve, des éléments à l'aide desquels ils établissent leur droit ; mais quelquefois aussi ces éléments ne sont pas suffisants. Le propriétaire peut, par exemple, n'avoir entendu accorder aux habitants de la commune que l'autorisation de prendre du bois ou de mener paître des bestiaux sur son bien, en se réservant de le leur retirer, si ces habitants quittent la commune pour aller s'établir ailleurs. Comment soutenir alors que la commune a un droit de propriété ? Il n'en est plus ainsi dans le cas où, chaque année, à la condition de payer une taxe affouagère, fixée par le conseil municipal, les membres de la collectivité ont une sorte de droit acquis à l'affouage, c'est-à-dire au partage en nature des produits du bois litigieux. Ce bois alors appartient à la commune

Un domaine forestier est-il indivis entre l'État et une commune, ou encore entre une commune et un particulier? Le régime forestier s'y applique ; dans le premier cas, parce que tous les bois de l'Etat y sont soumis ; dans le second, parce que c'est l'intérêt de la collectivité qui l'emporte sur celui d'un seul individu.

Un litige naissant sur la question de savoir si un bois est propriété de la commune ou d'un particulier, on recherche avant tout si ce bois est sous la surveillance de l'administration. La question n'a, bien entendu, d'intérêt que pour le temps que doit durer l'instance ; car si le jugement rendu assure la propriété au particulier, il n'y a plus à parler de la tutelle des agents forestiers, les bois des particuliers étant libres de tout contrôle administratif. Si le bois qui fait l'objet du litige est possédé par la commune, et si, par suite, la commune est défenderesse, on décide que, pour la durée du procès, le régime forestier sera imposé au bois : la présomption légale de propriété est en effet toujours en faveur du possesseur.

C'est à l'administration forestière, et à elle seule, qu'appartient le droit de décider si le bois communal est susceptible d'aménagement ; et sa décision est à l'abri de toute attaque par la voie contentieuse.

Un arrêté du 19 ventôse an X soumettait à l'autorité administrative tous les bois des communes, sans en excepter les prés bois ni les arbres épars sur leurs territoires : le Code de 1827 a innové sur ce point en soustrayant à cette autorité et les bois dont nous venons de parler, et les arbres des routes, des cimetières, des fortifications, des places publiques (art. 90, C. F., a. 153, Ordon. règlem.).

Pour rendre le régime forestier applicable à tel bois

déterminé, un arrêté préfectoral ne suffit pas ; il faut un décret. Toutefois l'hésitation s'est produite un instant sur cette question, qui a semblé un peu douteuse ; elle résultait du sens que l'on donnait aux mots *autorité administrative* insérés dans le Code forestier (art. 90) ; mais, après la séance que la Chambre des députés tenait le 28 mars 1827 et dont le compte-rendu n'a nullement désigné l'administration forestière par ces mots l'*autorité administrative*, l'hésitation est tombée pour ne plus reparaître. Du reste, elle n'était pas possible devant cette affirmation : les préfets ne sont que des agents de transmission. Elle l'était moins encore après la circulaire du 12 juin 1833 de l'administration des forêts et l'avis du 11 novembre 1852 du Conseil d'État, qui déclaraient nettement que l'autorité administrative, c'est le chef du pouvoir exécutif.

On doit suivre, pour arriver au décret de soumission, une procédure assez minutieuse, qu'il importe d'indiquer ici.

La soumission est amiable ou forcée.

Dans la soumission amiable, l'initiative est prise par la commune ou par l'administration.

Si la demande est faite par la commune, on envoie la délibération du conseil municipal au préfet, qui la communique au conservateur des forêts. Les agents forestiers rédigent un rapport et l'adressent au préfet, qui le transmet au conseil général, appelé à donner son avis en vertu de la loi du 10 août 1871. Tout le dossier, auquel le préfet ajoute son avis personnel, est remis ensuite au ministre de l'agriculture, qui présente, s'il y

a lieu, un décret à la signature du Président de la République.

Si, au contraire, la proposition de soumission vient
de l'administration, elle est, sous la forme d'un rapport rédigé par les agents forestiers locaux, transmise
à l'administration centrale. Le ministre la renvoie au
préfet, qui la fait parvenir aux maires, pour que les
conseils municipaux en fassent l'objet d'une délibération. Quand ces conseils repoussent le projet ou ne
l'admettent qu'avec des réserves, la soumission devient
forcée ; quand ils l'acceptent purement et simplement,
le conseil général donne son avis, ainsi que le préfet,
et un décret est rendu qui clôt la procédure

Si, en pratique, c'est toujours un décret qui place
un bois sous l'autorité administrative, pour la soumission à l'amiable, on pourrait soutenir qu'un simple arrêté ministériel suffit. En effet, l'article 90 du Code forestier ne parle aucunement de décret; l'article 128 de
l'ordonnance réglementaire du 1ᵉʳ août 1827 ne fait
intervenir le pouvoir exécutif qu'en cas de contestation entre la commune et l'administration ; enfin, cette
opinion peut parfaitement s'appuyer sur la circulaire
de l'administration des forêts du 12 juin 1833 et sur
l'arrêt de la Cour de cassation du 19 mars 1861.

En cas de désaccord entre les deux parties, administration et commune, la soumission forcée est seule
possible. Elle débute par une vérification de l'état de
la forêt, de sa nature, de son âge, de sa possibilité,
des essences qui s'y trouvent ; elle porte en outre sur
l'opportunité de réunir cette forêt à une autre. Elle

se fait contradictoirement avec le maire de la commune intéressée. Un procès-verbal de l'opération où le maire a soin de consigner ses observations, avant d'y apposer sa signature à côté de celles des agents forestiers, est envoyé au préfet, renvoyé par ce dernier au conseil municipal. qui délibère, au conseil général, qui donne son avis, au ministre avec l'opinion du préfet. Un décret prononce la soumission.

Ce décret est un acte administratif ; il en résulte qu'un recours par la voie contentieuse n'est ouvert contre lui qu'autant qu'il viole un droit acquis. Or, dans l'opération qui nous occupe, il n'y a en aucune façon violation de droit acquis, puisque c'est la loi qui autorise elle-même la soumission au régime forestier. Néanmoins. comme tout acte administratif, le décret peut certainement faire l'objet d'un recours en annulation devant le Conseil d'Etat pour excès de pouvoir ou pour inobservation des règles de forme. Il en est ainsi, par exemple, lorsqu'on a négligé de prendre l'avis des conseils municipaux ou généraux.

Ce décret ne tranche qu'une question d'administration. de gestion ; il ne fixe nullement les droits de propriété ; les tiers restent toujours libres d'élever leurs prétentions sur l'immeuble boisé, d'intenter les actions en revendication sur lesquelles il fondent leurs espérances. et. s'ils gagnent leur procès, le décret tombe *ipso facto*.

A côté des bois communaux soumis au régime forestier au moyen de la procédure que nous venons d'indiquer, on en trouve d'autres qui y sont soumis de plein droit, sans qu'il y ait eu pour eux nécessité de recourir au décret.

Nous en ferons ici une rapide énumération.

Ce sont : les cantons abandonnés, après cantonnement, à nombre de communes par suite de l'extinction de leurs droits d'usage en bois dans les forêts domaniales ; les terrains communaux reboisés à l'aide de subventions accordées par l'État (loi du 4 avril 1882) ; les bois ou parcelles de bois domaniaux vendues aux municipalités par le ministre des finances, en vertu de la loi du 28 juillet 1860 et du décret du 10 août 1861, et cela pour décharger l'État des usages onéreux qui pesaient sur ses forêts en faveur de différentes communes ; les bois communaux du comté de Nice et de la Savoie, mis légalement par le chef de l'État sous la dépendance des agents forestiers, sans qu'il ait satisfait aux exigences de l'article 90, grâce aux pouvoirs que lui avait momentanément conférés un sénatus-consulte des 12-14 juin 1860 ; enfin, les bois qui, avant 1827, étaient déjà sous la tutelle de l'administration.

Des contestations se sont élevées au sujet de ces derniers : on a invoqué les termes de l'article 90 du Code de 1827, qui impose des formalités nombreuses, préliminaires indispensables de toute soumission au régime forestier. Sans doute, il n'y a ici matière qu'à une discussion exclusivement théorique ; depuis longtemps, en effet, l'administration des forêts a dressé l'état général des bois susceptibles d'aménagement. Néanmoins, on répond victorieusement aux adversaires de la législation actuelle que les bois communaux ont toujours été placés sous la tutelle de l'autorité administrative, et que les y soustraire, même à titre provisoire, au risque de les abandonner aux dilapidations et aux pillages jusqu'à l'adoption des mesures de protection, c'eût été pour nos législateurs s'exposer à des reproches très mérités, et c'est précisément ce qu'ils ne voulaient pas.

Avec les bois proprement dits, appartiennent aux communes des prés bois, c'est-à-dire des pâturages parsemés de bouquets d'arbres. En principe, ces prés bois ne sont pas sous la garde de l'administration forestière. Cependant les agents forestiers peuvent trouver avantageux pour la commune de les tranformer, en tout ou en partie, en bois aménagés ; ce cas est prévu par l'article 90 cité plus haut. La loi du 4 avril 1882 a, de son côté, précisé cette situation en permettant cette transformation, en ce qui cencerne les prés bois en montagnes, même *invito domino*. D'où il suit que l'article 90 ne s'applique plus aujourdui qu'aux prés bois situés en plaines ou sur les coteaux peu élevés.

La conversion s'opère soit à la demande de la commune, soit à la demande de l'administration. Que l'initiative parte de l'une ou de l'autre, on se conforme pour la conversion amiable à la procédure de la soumission amiable étudiée précédemment. Mais, en cas de contestation et d'opposition du conseil municipal, des complications proviennent de ce que le conseil de préfecture doit intervenir pour décider s'il s'agit d'un bois ou d'un pré bois. S'il s'agit d'un bois, le conseil de préfecture est incompétent : si, au contraire, il est

certain, évident, qu'on se trouve en présence d'un pré
bois, sa compétence ne fait aucun doute.

L'administration a souvent prétendu qu'à elle seule
appartenait le droit de trancher la question. On a toujours
repoussé cette prétention et on a eu raison : l'admettre,
c'eût été enlever aux communes intéressées les garanties de l'article 90 du code forestier, qui leur permet de
déférer le litige au conseil de préfecture. Dès lors, ce
conseil, reconnu compétent, doit statuer sur l'opportunité de la conversion et il lui est loisible, pour appuyer
sa décision, de se baser sur les motifs les plus divers.
Son arrêté est notifié aux maires, qui consultent les
conseils municipaux sur la nécessité de se pourvoir devant le Conseil d'État.

Les règles énumérées ci-dessus sont toujours obser-
vées avec soin quand il s'agit d'immeubles forestiers
appartenant à des communes françaises. Les suit-on
aussi pour les bois que des communes étrangères possèdent sur notre territoire ? Fait-on alors une complète
application des dispositions de notre Code forestier ?
Non ; ces bois ne sont pas sous la tutelle de notre administration ; et si la loi française s'en occupe, c'est
uniquement quant à la propriété, au mode de possession, à la répression des délits et aux opérations forestières. On ne considère pas les communes à qui
ils appartiennent comme corps publics à l'instar des
communes françaises. C'est pourquoi on ne les astreint
point, par exemple, à l'obligation des quarts en réserve. Tout au plus, parce qu'il faut tenir compte de
leur qualité de mineures, ne doivent-elles agir sur

leurs propriétés qu'après avoir produit une autorisation régulière des pouvoirs dont elles relèvent et qui sont compétents pour la leur délivrer. A l'autorité française donc il appartient seulement de s'assurer si les obligations imposées par leurs législateurs à ces collectivités sont ou non toutes remplies ; en un mot, les bois des communes étrangères, quand ils sont situés en France, sont soumis à notre législation générale en matière forestière, mais ils échappent à tout ce qui fait partie de la législation spéciale de notre Code forestier.

§ III. — Aménagement.

D'après l'ordonnance de 1669, l'aménagement ne consiste d'abord, aux XVIIe et XVIIIe siècles, que dans l'économie et les différents soins avec lesquels se fait l'exploitation ; plus tard, il comprend en outre une foule d'opérations, telles que la délimitation et le bornage, la détermination de l'assiette des coupes, les réserves d'arbres à effectuer. C'est ce que nous trouvons dans la définition admise lors de la rédaction de notre Code forestier. Par suite, aménager, c'est régler le mode de culture d'une forêt, la marche et la quotité des exploitations, de manière à assurer une succession annuelle, égale et régulière,des meilleurs produits possibles. Pour y parvenir, il est nécessaire de posséder un ensemble de connaissances techniques qu'on ne

peut, certes, demander aux conseillers municipaux de
chaque commune, obligés qu'ils sont de consacrer
leur temps à la gestion d'autres affaires. Les conseils
municipaux changent souvent, au gré des électeurs, et,
comme la continuité de l'attention, des travaux, des
soins, de la prévoyance dans l'administration des
forêts, est seule capable de donner satisfaction aux exigences de l'avenir, ce serait compromettre les richesses forestières que de les enlever à la compétence
exclusive des agents forestiers.

Il faut aussi considérer que les méthodes de culture
sont multiples, qu'elles diffèrent avec les localités, et
que parfois elles nécessitent des recherches, des études, des tâtonnements, en opposition flagrante avec
ces besoins de lucre qui dominent et tourmentent la
plupart des propriétaires de forêts. Ce n'est qu'en tenant compte de la nature du sol, du climat, des essences les mieux appropriées aux fonds destinés à les porter, que l'on est à peu près sûr d'adopter un mode d'a-
ménagement qui facilite la régénération d'un bois.

Toutes ces questions intéressent sérieusement
l'ordre public et l'économie politique. Aussi est-il
essentiel que ce soit l'administration forestière, à
l'exclusion des communes, qui indique le meilleur
parti à tirer des superficies boisées. Les textes semblent même avoir voulu lui laisser à cet égard la
plus grande latitude. Le Code forestier, article 15, va
jusqu'à déclarer que tous les bois de l'Etat, on peut dire
tous les bois soumis au régime forestier, sont assujettis à l'aménagement après l'accomplissement de cer-

taines formalités. L'ordonnance réglementaire est aussi laconique ; c'est tout au plus si elle juge nécessaire, dans les articles 69 et 70, 134 et 136, de donner quelques conseils sur l'âge des bois qui doivent être coupés, sur le nombre des réserves à conserver dans les taillis sous futaies. C'est donc en dehors du Code, dans la science forestière, qui prend chaque jour un développement plus considérable, qu'il faut chercher les méthodes à adopter, puiser les principes de sylviculture qu'on crée et modifie, d'ailleurs, au gré des expériences et des découvertes.

Mais reste la procédure administrative à suivre pour proposer, discuter, entreprendre les aménagements nouveaux ou transformer les aménagements anciens. Les textes ne pouvaient se dispenser d'en parler.

L'administration, ayant la haute main sur toutes les questions forestières de première importance, c'est à ses agents seuls qu'il appartient de préparer les projets de création ou de transformation de ces aménagements. Ces projets sont adressés par le conservateur des forêts au préfet, qui les communique aux communes. Cette communication aux communes, à qui on demande leur avis, est un acte de pure déférence. Le conseil général examine, à son tour, s'il y a utilité de prendre en considération les mesures proposées. Puis, le préfet, après avoir exprimé son avis, envoie le dossier complet au ministre compétent, qui soumet un décret au chef du pouvoir exécutif.

Au rapport présenté au préfet par le conservateur des forêts est ordinairement annexé un état approximatif des dépenses qu'entraînera l'aménagement. Cet état, qui intéresse au plus haut point les communes, puisque ce sont elles qui supportent tous les frais, conformément à l'ordonnance du 23 mars 1845 et au décret du 25 août 1861, est porté à leur connaissance par l'autorité préfectorale. Si le conseil municipal n'élève aucune difficulté, le préfet ordonne l'exécution de l'aménagement ; si une opposition surgit, le chef de l'Etat statue de nouveau sur le rapport du ministre de l'agriculture. On néglige dès lors l'avis des municipalités ; on leu. impose ni plus ni moins les dépenses des travaux jugés indispensables au bien-être de la société en général.

L'acte d'aménagement est un acte de pure administration ; par conséquent, pas de recours au contentieux pour obtenir une modification. Seul, un appel est ouvert devant le Conseil d'Etat, en cas de violation des formes de la loi.

L'aménagement est ainsi de rigueur, il subsiste dans son ensemble tant qu'un décret nouveau ne vient pas remplacer celui qui l'a autorisé. C'est dire que les tribunaux judiciaires doivent respecter ce décret, alors même qu'il paraît évident que les agents forestiers se sont écartés de sa stricte application. L'interprétation d'un acte administratif est en effet formellement interdite au pouvoir judiciaire, en vertu du principe de la séparation des pouvoirs.

§ IV. — **Des coupes. — Différentes sortes de coupes. Marche des exploitations. Juridiction compétente en cas de conflits.**

Si les communes avaient été autorisées à régler elles-mêmes les exploitations de leurs bois, sans nul doute les dispositaires de l'aménagement auraient pu être enfreintes. La tendance à exagérer ces exploitations aurait continuellement porté les conseils municipaux à innover, à introduire dans le cahier des charges des adjudicataires, des clauses incompatibles avec la surveillance de l'administration. L'intervention de l'État a donc son utilité.

Dans l'intérêt d'un bois, on doit toujours s'attacher à assurer l'uniformité dans les coupes et dans les ventes, à conserver le concours des agents supérieurs les plus capables de les bien diriger et on a eu cent fois raison, en 1827, de rejeter sans discussion l'amendement de M. Pergarion, qui demandait pour les conseils municipaux le droit de prendre part à la rédaction des cahiers des charges. Mieux vaut, ce semble, laisser le soin de les établir à l'administration des forêts.

C'est elle aussi qui peut le mieux indiquer l'opportunité et l'étendue d'une coupe. Tous les ans, elle fait un état d'assiette pour chaque conservation forestière, conformément aux prescriptions de l'article 73 de l'ordonnance réglementaire. Les agents se chargent des opérations préparatoires reconnues nécessaires, et, une fois l'autorisation du directeur des forêts obtenue, ils s'occupent de l'adjudication.

Est-ce à dire qu'aucune coupe ne puisse avoir lieu sur la demande de la commune propriétaire ? Les prohibitions dont nous venons de parler s'appliquent aux coupes ordinaires, en autres termes, à celles qui répondent aux conditions posées par l'acte d'aménagement. Mais il y a aussi les coupes dites extraordinaires ; ce sont celles qui se pratiquent dans les réserves, celles qui ont pour but de modifier les coupes ordinaires ; les coupes ordinaires enfin, auxquelles on procède par anticipation, c'est-à-dire avant le terme convenu. Elles sont toujours réclamées par les communes. Les maires adressent leurs demandes aux préfets, qui les envoient, avec l'avis des agents forestiers, au ministre de l'agriculture. Un décret seul peut faire droit à ces demandes exceptionnelles. Le principe est donc, dans l'intérêt de l'exécution de l'aménagement, la compétence absolue et exclusive de l'administration en ce qui concerne les coupes les plus fréquentes.

Là s'arrête l'intervention de l'autorité administrative dans la gestion de cette partie spéciale des propriétés communales. La question de la destination à donner aux produits reste entièrement soumise aux délibérations de l'autorité municipale. Aussitôt que l'utilité, la nécessité de l'exploitation est reconnue, la crainte de la violation de l'aménagement n'existe plus, et il est logique que la commune, propriétaire du sol boisé, en ait les produits à sa libre disposition. Il en résulte que les municipalités ont le droit de choisir entre deux partis : ou décider que la coupe sera vendue, ou adopter la délivrance en nature des arbres aux habitants

Nous verrons plus loin que si l'administration ne peut ici exercer son influence, elle continue, néanmoins, d'un bout à l'autre de l'exploitation, à veiller à ce qu'on ne lui enlève aucune de ses prérogatives de surveillance.

Si la coupe doit être vendue, on recourt soit à la vente sur pied, soit à l'exploitation aux frais de la commune et à la vente après façonnage. La vente sur pied se fait en bloc moyennant un prix déterminé à l'avance pour toute la coupe, ou bien l'adjudicataire exploite et façonne pour payer un prix fixé par stère de bois. Les ventes sur pied et en bloc sont les plus fréquentes. Elles donnent lieu à une adjudication publique, en vue de laquelle l'administration forestière rédige un cahier des charges avec clauses précises, dans l'intérêt de la forêt. Si les municipalités ne prennent aucune part à cette rédaction, elles peuvent assister au balivage effectué par les agents forestiers, et, si elles l'estiment insuffisant, elles ont un recours contentieux devant le conseil de préfecture, avec appel au Conseil d'Etat (art. 65. C. F.).

Pour les cas où les maires essayent d'autoriser seuls ces ventes de coupes et d'écarter ainsi le concours des agents forestiers, l'article 100 du Code de 1827 réserve une pénalité très sévère : la vente est frappé de nullité ;

l'adjudicataire tombe sous le coup des dispositions rigoureuses des articles 18 et 19 du Code. Le maire est
déclaré en défaut, soit qu'il ait simplement ordonné
seul de faire la vente, soit qu'il ait négligé d'accomplir
l'une des formalités de publicité prévues par les articles
17, 18 et 19.

Il est à remarquer ici que, si la loi soumet l'adjudicataire au droit commun, elle fait, dans l'article 100, bénéficier les maires d'une faveur exceptionnelle ; elle a
voulu adoucir pour ces fonctionnaires les rigueurs des
articles 18 et 19. C'est qu'en effet, bien loin d'être pris
en faute pour les coupes de quelque importance sur
lesquelles l'administration a toujours un œil attentif, les
maires n'agissent seuls le plus souvent que pour les
ventes de quelques pieds d'arbres disséminés sur les
terrains communaux. Et une amende de trois cents
francs convient mieux, dans ce cas, les maires étant
presque toujours de bonne foi, que l'amende des textes
précités, qui ne peut être inférieure à 3000 ou à 1000
francs.

Si, au jour fixé pour les adjudications, il ne se présente
pas d'acquéreur, elles sont remises à l'année suivante,
ou bien l'administration exploite aux frais de la commune propriétaire.

Mais la vente des coupes n'est pas le procédé le plus
souvent employé. Les coupes ordinaires et les coupes
extraordinaires, quoi qu'on en ait dit, sont la plupart du
temps délivrées en nature aux habitants, moyennant le
payement d'une taxe affouagère, plus avantageuse pour
la commune.

B.   4

Puisque la coupe affouagère doit en définitive profiter aux habitants, on eût pu concevoir, par raison de simplicité et d'économie, la possibilité pour ces bénéficiaires d'abattre les arbres eux-mêmes, après un partage sur pied. Mais on a reculé devant cette pratique, qui eût très certainement provoqué des abus et des erreurs, et qui eût rendu difficile, sinon impossible, la surveillance des agents forestiers. Aussi a-t-on décidé que la commune doit, en la circonstance, présenter à l'administration un entrepreneur de son choix qui ne peut être repoussé sans motifs plausibles. Ce n'est, certes, pas sans d'énergiques protestations que cette règle a été adoptée. Mais l'article 103 qui la renferme reçoit strictement son application, et c'est en vain qu'on essayerait d'invoquer les usages antérieurs à 1827, l'ordonnance de 1669 et la loi de 1791, article 4, titre 15.

Et, comme ce qui importe avant tout à l'autorité administrative, c'est d'avoir un entrepreneur responsable qu'elle poursuive au besoin, rien n'empêche ce dernier de prendre ses ouvriers parmi les habitants de la commune, et de les autoriser à exploiter eux-mêmes à ses risques et périls. Le contraire eût été, d'ailleurs, impossible dans la plupart des cas, car nombreuses sont les localités dont les habitants n'ont d'autre travail que celui qu'ils peuvent faire en forêts.

L'administration surveille de très près l'exécution du cahier des charges, et la commune n'a pas le droit de restreindre le nombre des obligations très étroites qu'il contient, notamment celles de n'abattre les arbres qu'à telles heures du jour et de passer par les chemins désignés.

En dehors de ces prescriptions, on laisse à la commune une latitude suffisante : c'est elle qui fait connaitre à l'entrepreneur quels sont les produits les mieux appropriés aux besoins des habitants ; c'est elle aussi qui décide si tout ou partie de la coupe sera convertie en bois de chauffage, en bois de construction, en échalas ou en perches.

L'exploitation ne commence qu'après la délivrance du permis d'exploitation par les agents forestiers. A partir de ce moment, l'entrepreneur est responsable des délits commis dans la coupe et dans la zone dite *de l'ouïe de la cognée*, à moins que son garde ne signale à temps le délit à l'administration par un procès-verbal régulier. Une fois la coupe terminée, c'est l'administration qui donne décharge à l'entrepreneur. En un mot, on se conforme aux règles générales suivies pour l'exploitation des forêts domaniales.

Aux termes de l'article 82, § 2, les communes sont garantes solidaires des condamnations encourues par l'entrepreneur. On a discuté sur le point de savoir si ces condamnations s'étendaient à la fois aux amendes et aux dommages et intérêts. A coup sûr, la commune ne saurait être assujettie au payement des dommages et intérêts, sinon, comme elle est la victime du délit à réprimer, ce serait à elle-même qu'elle les payerait. L'article 82 ne peut donc s'entendre que des amendes. Et cependant, même pour ce qui concerne ces amendes, on a invoqué l'article 72, qui, dans l'hypothèse où les

habitants d'une commune conduisent leurs bestiaux au
pâturage sans se conformer aux prescriptions de l'administration forestière, prévoit une condamnation à des
dommages et intérêts dont la commune est garante so-
lidaire, et on en a conclu que les amendes ne sauraient
peser sur les communes.

Cette opinion n'est pas soutenable, car l'article 82
est plus large que l'article 72, et, dans le cas de coupes affouagères, il s'applique parfaitement aux amendes ; il a en outre cet avantage, d'avoir été voté avant
l'article 72. D'ailleurs, si on rapproche l'article 206 de
l'article 72 pour l'opposer à l'article 82, on s'aperçoit
qu'il s'agit dans ces textes d'une responsabilité fon-
dée sur l'article 1384 du Code civil, toute différente
de celle de l'article 82 : dans l'article 82 on considère
la commune comme ayant commis elle-même le
délit poursuivi. Sans doute le payement des amendes est une lourde charge dont elle voudrait bien
se débarrasser. Mais on ne peut facilement l'en exonérer si l'on songe que, presque toujours, l'entrepreneur est un homme de paille, insolvable, sans autorité, sur lequel on aurait tort de compter pour empêcher les délits de se commettre. Il est à remarquer en
outre que cette responsabilité de la commune n'est, en
fin de compte, que la responsabilité des affouagistes
eux-mêmes, sur qui pèsent définitivement les amendes,
car elles se transforment en centimes additionnels.
qui augmentent les impôts ordinaires des contribuables.

En tous cas, ce qui prouve l'importance de la disposition de l'article 82 du Code forestier, c'est qu'il a été

jusqu'ici un obstacle sérieux à la trop grande extension du nombre des délinquants.

§ V. — Travaux d'amélioration.

Les adjudicataires des coupes dans les forêts communales ont à se conformer, avons-nous dit plus haut,
aux mesures adoptées pour les adjudicataires de coupes
dans les forêts de l'Etat. On en déduit que chaque exploitation est, pour le sol forestier, l'occasion d'un certain nombre de travaux d'entretien et d'amélioration
spécialement prescrits par les agents de l'administration. A l'adjudicataire incombe la charge de refaire les
chemins qu'il a défoncés, de réparer les ponts, de faire
fouir, planter, niveler la place de ses ateliers. Les agents
forestiers président à toutes les opérations.

Mais, à côté de ces travaux, il en est d'autres, plus
importants encore, qui ne sont pas la conséquence des
exploitations et que propose l'administration dans l'intérêt des bois communaux. Nous citerons notamment
les repeuplements, les établissements de clôtures, le
percement des routes. Comme la commune contribue
aux frais dans une très large mesure, il est nécessaire
de la consulter à cette occasion. Elle résiste souvent, il
est vrai, aux appels que l'on fait à la caisse municipale.
Mais on triomphe facilement des difficultés qu'elle oppose aux projets des agents forestiers, car l'adminis-

tration, en invoquant les raisons d'ordre public, parvient toujours à obtenir gain de cause : par décret, elle fait imposer à la commune, établissement public propriétaire, toutes les dépenses jugées indispensables.

Il est bien entendu que les corps municipaux ne doivent pas contrarier l'administration quand elle accomplit cette partie de sa mission. Ils ne peuvent créer sur leurs sols boisés aucune servitude au profit des fonds voisins. Pour ce cas spécial d'établissement de servitude, à la consultation obligatoire des agents forestiers on ajoute une sauvegarde importante, la nécessité d'obtenir une ratification expresse du chef de l'Etat sous la forme d'un décret. Puisqu'on se trouve ici en présence d'un véritable démembrement de propriété et qu'on oblige la commune, quand elle veut aliéner un de ses biens ordinaires, à se munir d'une autorisation, ne doit-on pas restreindre à plus forte raison sa liberté d'action dès qu'il s'agit de forêts auxquelles s'applique une législation spéciale ?

On observe ces principes même en ce qui concerne la concession à titre de tolérance de simples servitudes au profit de particuliers. Ici encore l'administration forestière a le droit d'intervenir et d'opposer son *veto*, sous le seul prétexte de ne pas laisser entraver les travaux de ses agents et de ses préposés.

§ VI. — Produits accessoires.

Après les coupes, qui sont certainement les produits

les plus importants des bois communaux, il faut citer les produits accessoires. Quoique leur valeur soit sensiblement inférieure à celle des coupes, ils sont néanmoins très recherchés.

On trouve la nomenclature de ces produits dans l'arrêté du 1ᵉʳ septembre 1838 du Ministre des finances. Nous signalerons entre autres les ventes de chablis ou d'arbres abattus par le vent, les bois de délit ou les arbres sur lesquels il a été commis des délits forestiers, les indemnités à recevoir des adjudicataires pour prolongation d'exploitation et pour infractions dans les coupes ou hors des coupes, le pâturage, la glandée, le panage, la paisson, l'extraction des résines, les indemnités pour établissement de servitudes de passage ou d'extraction de minerai. Autrefois on comptait aussi parmi les produits accessoires les plus avantageux la location du droit de chasse ; mais nous verrons qu'il y a eu des modifications à cet égard.

Les communes n'ont pas plus la libre disposition de ces produits qu'ils n'ont celle des coupes. C'est encore l'administration qui intervient pour les livrer à telle ou telle exploitation, jugée la plus convenable à la conservation du domaine forestier.

La vente des chablis doit être autorisée par le conservateur des forêts. Elle se fait sous la forme de l'adjudication publique. Si la valeur de la coupe n'est pas très importante, on se borne à rédiger un procès-verbal d'adjudication. L'adjudicataire est tenu des mêmes obligations que l'adjudicataire d'une coupe ordinaire de bois, en ce qui concerne la nécessité d'avoir un garde-vente et la responsabilité en matière de délits.

Aux termes d'une décision ministérielle du 21 juin 1820, les chablis devaient être vendus au profit des communes ou n'être compris dans l'affouage, c'est-à-dire dans la répartition en nature des coupes entre les habitants, qu'autant qu'ils se trouveraient sur le parterre de la coupe affouagère. Mais, comme ces produits sont le plus souvent peu considérables, une instruction ministérielle du 11 octobre 1833 est venue autoriser l'administration forestière à les laisser distribuer en nature toutes les fois que le conseil municipal en fait la demande. Dans ce cas, un état détaillé des chablis doit être dressé en double et signé par le maire et l'agent forestier local. C'est là toutefois une disposition à laquelle il est parfaitement permis de déroger, sans léser le droit de la commune propriétaire ; il appartient dès lors au préfet de provoquer la vente aux enchères publiques dans la forme prescrite par l'article 100 du Code forestier.

Les mêmes règles s'appliquent aux adjudications des bois de délit.

Au lieu d'abandonner le panage et la glandée à leurs habitants, les communes peuvent avoir intérêt à les affermer à des particuliers moyennant certaines redevances. Cette mise en ferme est abandonnée au consentement de l'administration forestière, qui doit non seulement assister dans la personne d'un de ses agents aux adjudications ordinairement annuelles, mais encore fixer avec les intéressés les conditions d'exercice de leurs droits, leur désigner les cantons et leurs li-

mites, les chemins laissés à la circulation des bestiaux
(a. 139, Ordon. Réglem. C.F. section 6, titre 3).

, Les conseils municipaux n'ont pas le droit d'autoriser à leur gré le pâturage sur leurs territoires. C'est
à l'administration exclusivement qu'est réservée cette
faculté, et elle est libre de ne tenir aucun compte des
réclamations municipales. Toutefois il est ouvert à la
commune contre la décision prise un recours devant le
conseil de préfecture.

Si les forêts communales consistent en essences résineuses, l'extraction des résines fait encore l'objet
d'un bail consenti par voie d'adjudication publique. Les
agents forestiers rédigent un cahier des charges *ad
hoc*, où ils indiquent le mode de taille permis, le nombre des réserves à respecter, l'obligation de prendre
un garde-vente.

Où trouver un cas où le maire de la commune puisse
seul procéder à une aliénation de produits accessoires?
Il n'y a à signaler que celui des portions d'affouage
non enlevées par les ayants-droits. L'intervention de
l'administration ne se conçoit plus ici en effet, vu que
les agents forestiers ont déjà accordé une première
fois la délivrance de ces bois et que, de cette façon, la
protection de la forêt n'est nullement compromise.

Nous ne mentionnerons pas, comme un droit exclusivement réservé au maire, celui de concéder de
menus produits, tels que pierres, sable, tourbe, feuilles
mortes, glands et faines, car, bien que le maire prenne
ordinairement l'initiative de ces diverses concessions,
c'est encore après avoir obtenu l'approbation du con-

servateur des forêts que le concessionnaire met le pied sur le sol soumis à la surveillance administrative.

La chasse, dont nous avons parlé tout à l'heure, a d'abord été rangée parmi les produits accessoires des forêts communales, mais elle en a été distraite par une décision ministérielle du mois de janvier 1840. Aujourd'hui, le maire loue le droit de chasse dans les bois communaux, et en procédant par la voie de l'adjudication aux enchères publiques. Si, comme nous le verrons plus loin, la répression des délits de chasse appartient aux agents forestiers, ces agents n'ont pas à assister à cette adjudication, non plus qu'à la rédaction du cahier des charges.

§ VII. — **Frais de gestion dus par la commune.**

Nous venons de voir que l'administration forestière réglemente, pour ainsi dire à sa seule volonté, la gestion des bois communaux ; nous constaterons dans la suite qu'elle assure aussi l'exécution des mesures de protection prescrites dans l'intérêt de leur conservation. L'article 107 du Code forestier nous apprend que ces interventions son loin d'être gratuites pour la commune. On lui impose en retour le payement d'une taxe à l'Etat, à titre d'indemnité. Cette taxe la décharge de tous frais, à la condition toutefois qu'on ne considère que les frais annuels de gestion proprement dite,

assiette des coupes, balivage, arpentage, frais de poursuite. Mais si, en dehors de ces opérations, on procède,
ce qui est d'ailleurs assez rare, à des dépenses extraordinaires, elles restent à la charge des propriétaires,
qui versent des sommes supplémentaires (décret du 23
août 1861, arrêté ministériel du 28 août 1861). Parmi
ces dépenses, indiquons, à titre d'exemples, les aménagements, les travaux d'amélioration ; nous y ajouterons
plus tard les délimitations et les bornages. Toutes ces
dépenses supposent des versements distincts de fonds ;
les unes sont recouvrés par le receveur des domaines
pour ce qui revient à l'État ; les autres, par le receveur
des finances pour ce qui est destiné aux agents forestiers.

Comment se fixe l'indemnité due à l'État ?

La loi des 15 août-20 septembre 1791, qui plaçait les
bois des communes sous le régime forestier, s'était
occupée de la détermination de cette taxe dans son article 19, titre 12. Le payement s'élevait alors à un dé-
cime par franc du prix principal des coupes vendues,
et il consistait en un prélèvement d'un vingtième de
la valeur sur les bois délivrés en nature.

Le projet de Code forestier de 1827 inclinait vers le
maintien de ce système ; mais il fut objecté qu'en procédant ainsi, on ne connaissait que très imparfaitement le montant des produits obtenus et celui de la dépense faite pour les réaliser ; que le prélèvement
d'un vingtième était beaucoup trop onéreux, et que,
pour l'établir sérieusement, il fallait forcément recourir à des expertises trop coûteuses.

C'est alors que l'on fit l'ancien article 106 du Code forestier. Lors du budget, on devait établir le montant de ce que la commune avait à verser à l'Etat, augmenter de centimes additionnels la contribution foncière de façon à couvrir la somme des frais ; en un mot, le tout était réparti au marc le franc de la contribution foncière due par les bois soumis au régime forestier. Cette façon de procéder souleva de vives réclamations. Elles vinrent surtout des communes de l'Est, où les bois étaient plus productifs et payaient une indemnité plus élevée que tous les autres. Elles s'appuyaient sur ce fait que les communes du midi, possédant les bois les plus étendus de toute la France, par conséquent les plus dispendieux, assumaient proportionnellement moins de charges ; il y avait donc là une injustice flagrante.

On modifia législativement l'article 106 en 1837. La loi du 20 juillet 1837 proportionna le montant de la taxe au chiffre des dépenses, elle ajouta des centimes additionnels à la contribution foncière et se basa sur la surface des bois pour répartir l'indemnité entre les départements. Cette fois, ce fut le midi qui protesta, disant que l'étendue considérable de ses bois, peu productifs, lui imposait de cette façon une charge des plus lourdes. Il fit observer que la loi de 1837 aboutissait à exiger de tous les contribuables, sans distinction, des frais faits uniquement dans l'intérêt de quelques groupes d'habitants.

L'article 5 de la loi du 25 juin 1841 créa le régime qui est encore en vigueur. Le ministre des finances déclara qu'il fallait ici, comme en matière d'impôt, compter avec le revenu, et il fixa la quote-part des communes à la taxe du vingtième, c'est-à-dire à cinq pour cent du revenu des bois communaux, du produit des bois vendus et des bois délivrés en nature.

Cette taxe pesait, en 1841, aussi bien sur les produits accessoires que sur les produits principaux. L'article 6 de la loi du 19 juillet 1845 en déchargea les produits accessoires.

C'est au ministre de l'agriculture qu'il appartient de régler la valeur des coupes et des produits délivrés en nature aux habitants. D'après l'ordonnance du 1er février 1846, avant le 1er septembre de chaque année, les agents forestiers adressent au préfet les états de chaque forêt d'après l'aménagement, ou, à défaut d'aménagement, d'après le cadastre et l'état d'assiette des coupes. Avant le 10 septembre, les préfets les transmettent aux conseils municipaux. Ces derniers font parvenir, avant la fin du même mois, leurs observations aux préfets, qui, après y avoir ajouté leur avis personnel, les envoient avec tout le dossier au ministre avant le 20 octobre.

L'article 14 de la loi du 14 juillet 1856 a apporté, en faveur des communes possédant beaucoup de futaies, une modification à ces diverses prescriptions : désormais le maximum des perceptions exigibles des communes ne peut plus dépasser un franc par hectare de bois.

Telle est la taxe qui permet d'acquitter les dépenses faites dans l'intérêt des communes par les agents fo-

restiers. Dans le cas où les perceptions seraient insuf-
fisantes, le décret du 31 mai 1862 autorise les municipalités à recourir aux impositions extraordinaires. Notons, en passant, que l'article 109 du Code forestier
semble prescrire, pour cette hypothèse, la vente d'une
partie des coupes destinées à être réparties entre les
habitants. Mais il est rare qu'on emploie ce moyen ; on
préfère subvenir à tous les payements avec la taxe
affouagère.

§ VIII. — Surveillance des bois communaux.

Pour protéger tous les bois des communes, il ne
suffit pas d'établir en leur faveur une foule de règles
compliquées, de s'occuper de leur aménagement, de
travailler d'une manière incessante à leur entretien et
à leur amélioration, il faut encore veiller à ce que des
délits réitérés ne viennent pas compromettre l'œuvre
si intéressante de l'administration forestière. Si une
surveillance active paraît indispensable pour les petites
surfaces boisées, dont la diminution et même la disparition sont souvent difficiles à empêcher, elle est *a
fortiori* plus indispensable encore lorsqu'il s'agit de
vastes étendues de forêts, comme celles que possèdent
certaines communes, dans l'Est de la France. Il est de
toute nécessité d'organiser partout un corps de surveillants, ayant une capacité suffisante, munis de pou-

voirs spéciaux, chargés de s'opposer aux actes de destruction des délinquants. Le Code de 1827, dans ses articles 94 à 99, oblige les municipalités à avoir un certain nombre de gardes forestiers. Mais comme, dans l'intérêt général des forêts, les agents de l'administration doivent conserver le libre exercice de tous leurs droits, il importe tout particulièrement que cette surveillance ne soit pas laissée à la discrétion des communes. Aussi les textes nous révèlent-ils un ensemble de dispositions qu'il convient de passer en revue.

Il faut d'abord déterminer le nombre des gardes à nommer. Cette question exige le concours de trois autorités, du maire, de l'administration forestière, du préfet. Quant il y a lieu de supprimer un ou plusieurs des gardes en fonction, ce même concours est encore nécessaire.

Sous l'empire du Code de 1827, on voulait donner aux communes un pouvoir très étendu en matière de nomination des gardes. Le maire les choisissait avec l'approbation du conseil municipal, sous cette réserve que l'administration forestière devait ratifier le choix qui était ainsi fait ; le préfet tranchait les différends lorsqu'il s'en élevait. Les articles 95 et 96 du Code forestier ont été abrogés par les articles 5 à 20 du décret du 25 mars 1852.

Depuis longtemps, l'administration des forêts se plaignait de ce que les agents que lui présentaient les maires réussissaient toujours à se soustraire à son autorité, au grand détriment des intérêts qui leur étaient confiés. Le décret de 1852 charge directement les préfets de nommer les gardes sur une liste de noms dressée par le conservateur des forêts. L'article 68 de la loi du 5 avril 1884 excepte en effet ce cas de ceux où le maire peut pourvoir aux emplois communaux.

C'est au décret de 1852 qu'il faut se reporter pour connaître les conditions d'âge et de capacité exigées des personnes, des candidats parmi lesquels il est préférable de prendre les fonctionnaires dont nous nous occupons. Une fois nommé, le garde a mission de surveiller le territoire boisé de la commune.

D'après l'article 97 du Code forestier, il peut très bien être investi de pouvoirs qui lui permettent de protéger à la fois et une forêt domaniale et une forêt communale. On se trouve alors en présence d'un garde mixte. Comme du double caractère dont ce garde spécial est revêtu, c'est celui de garde domanial qui l'emporte sur celui de garde communal, au directeur des forêts seul, à l'exclusion du préfet par conséquent, il appartient de composer les garderies mixtes. Cela n'empêche pas toutefois les propriétaires intéressés de répartir entre eux, proportionnellement à l'importance des surfaces gardées, le salaire à attribuer à ces surveillants. Ce partage est effectué, sur la délibération du conseil municipal, par arrêté préfectoral.

Les gardes forestiers communaux sont placés sous la haute direction de l'administration forestière. L'article 99 les assimile de tout point à ceux des bois domaniaux. C'est dire que si l'administration peut les suspendre, celui qui les nomme, c'est-à-dire le préfet, a seul le droit, sur l'avis des municipalités et des agents forestiers, de les destituer. Ils sont assujettis à la même discipline que les gardes de l'État, astreints aux mêmes obligations militaires, font partie du corps des chasseurs forestiers, et sont passibles des mêmes peines en cas de fautes ou de délits. Les fonctions sont identiques de part et d'autre. Ils recherchent les délits forestiers, après avoir prêté le serment professionnel, et non plus le serment politique, aboli le 5 septembre 1870, et après avoir été investis de leur autorité par le tribunal de première instance de leur résidence. On leur demande de constater les contraventions et les délits dans des procès-verbaux soumis à certaines règles et dont la for·e probante varie suivant les circonstances. Ces actes font foi, par exemple, jusqu'à inscription de faux, dans le cas d'infractions prévues par le Code forestier lui-même, si toutefois sont remplies les conditions des articles 175 et 176 du code de 1827 (rédaction et signature par deux gardes, à moins qu'il ne s'agisse que d'une condamnation à 100 francs d'amende) ; dans le cas d'infractions prévues par le Code pénal, au contraire, la force probante jusqu'à la preuve contraire est seule acquise (Cassation, 4 janvier 1855).

Les gardes forestiers sont responsables de leurs fautes et délits envers l'administration, la commune, et quelquefois aussi envers les particuliers. On concevrait que cette responsabilité fût uniquement basée sur le principe de l'article 1383 du Code civil, mais l'article 6 du Code forestier est beaucoup plus large, car, outre les dommages et intérêts, ils ont encore les amendes à leur charge quand leurs négligences sont constatées par les procès-verbaux des agents, leurs supérieurs.

Il est vrai qu'ils peuvent échapper aux rigueurs de cet article 6, en rédigeant, au moment de la découverte du délit, un procès-verbal régulier affirmé devant le juge de paix, procès-verbal adressé sans retard à l'administration ; ou encore en invoquant un cas de force majeure, maladie ou accident, qui les a détournés de leurs devoirs. Mais, en l'absence de ces précautions, ils sont poursuivis devant le tribunal correctionnel. On a critiqué avec quelque raison ce système de répression contre les préposés forestiers, et on a dit qu'avec l'étroite hiérarchie qui rattache les uns aux autres tous les membres du personnel des forêts, on pourrait avantageusement se dispenser d'appliquer la loi, beaucoup trop sévère, de 1827, et se borner à infliger des peines disciplinaires qui suffiraient amplement à assurer un bon service.

Si la commune veut obtenir réparation d'un dommage à elle causé par un des préposés forestiers, elle a le droit d'attaquer l'administration en vertu des articles 1382 et 1384 du Code civil ; elle a encore la faculté de poursuivre civilement le coupable devant le tribunal civil, qui cependant, -- conséquence du principe de la séparation des pouvoirs, — doit se déclarer incompétent toutes les fois que le préposé excipe de la régularité de ses actes et base sa défense sur les ordres qui lui ont été donnés.

Un particulier, lésé par le fait des préposés, attaque l'administration des forêts. C'est son droit. Devant quel tribunal? Judiciaire ou administratif? La jurisprudence répond devant le tribunal de l'ordre judiciaire, car la poursuite a pour but de rendre l'État débiteur, et les tribunaux civils appliquent le droit commun, quelles que soient les parties en cause. Cependant nous avons ici des actes administratifs. N'est-il pas de règle qu'ils échappent à la compétence des tribunaux ordinaires ? Certains auteurs prétendent que, si l'État figure dans l'instance comme personne morale, ces tribunaux judiciaires peuvent parfaitement garder l'affaire, attendu que l'État n'est, dans notre hypothèse, qu'un particulier; qu'au contraire, s'il est attaqué comme gouvernement ou comme administration, le procès leur échappe. En fait, il est presque impossible de connaître le véritable rôle de l'État en matière forestière, puisqu'il agit toujours par l'intermédiaire des mêmes agents. Nous croyons que, toutes les fois qu'il n'y a pas un texte de loi précis donnant compétence aux tribunaux judiciaires, c'est le tribunal administratif qui doit trancher le litige. Telle est d'ailleurs l'opinion actuelle du conseil d'État et du tribunal des conflits. Elle s'appuie sur le principe de la séparation des pouvoirs — (loi des 16-24 août 1790, art. 13, tit. 2 ; loi du 16 fructidor an III, loi du 22 déc. 1789, section 3, art. 7). — Les déclarations de ces lois sont formelles en tant qu'elles fixent les limites du pouvoir judiciaire. On ne peut assimiler l'État à un particulier. On ne doit le déclarer débiteur qu'après consultation et application des règlements administratifs. Or, ce serait nuire à l'indépendance de l'administration, que de permettre à une autre autorité de s'immiscer dans ses affaires.

En ce qui concerne la fixation du salaire des gardes,

le décret de 1852 n'a pas enlevé leur attribution aux
communes. Elles ont l'initiative en cette matière, sous
réserve de l'approbation de l'administration et de la
consécration par le préfet des décisions prises.

Le salaire est en effet une charge qui incombe aux
communes exclusivement ; il n'est pas compris, malgré
son caractère de dépense annuelle, dans le taxe qui
représente les frais nécessités, chaque année, par la
gestion des agents forestiers. On part de cette idé
que les municipalités sont propriétaires de leurs bois,
et on range les traitements des gardes parmi les dépenses obligatoires que le préfet inscrit d'office dans
les budgets communaux, quand les conseils municipaux
refusent de les y inscrire eux-mêmes.

Il semble que les communes, pour remplir toutes
leurs obligations, devraient employer spécialement
le produit des coupes. Elles prélèveraient ce qui est
dû aux gardes, après avoir retiré la part revenant à
l'État, à qui appartient, dans le sens de l'article 2095
du Code civil, le privilège d'être remboursé principalement sur les coupes ordinaires et extraordinaires
(article 109 du Code forestier) des frais de l'année cou-
rante et de ceux des années précédentes.

En général, les communes n'agissent pas ainsi :
elles préfèrent délivrer aux habitants tous leurs bois
en nature. Elles procèdent alors par coupes affouagères,
et il est rare qu'elles soustrayent à ce mode de jouissance la portion dont parle l'article 109, en cas d'insuffisance de ressources pécuniaires. Elles subvien-
nent à tout à l'aide de la taxe affouagère. Si cette taxe

est insuffisante, elles recourent aux impositions additionnelles et extraordinaires permises par la loi.

La taxe affouagère est due par ceux qui profitent des produits de la forêt. Ce sont les conseils municipaux qui l'ont imaginée. Elle a été consacrée par deux décisions ministérielles du 15 décembre 1826 et du 18 décembre 1827. On fit remarquer que les cotisations des habitants ne pouvaient être légalement rendues exécutoires qu'à la condition d'être autorisées par une loi, comme les impôts ; que si elles étaient volontairement acquittées, la perception en était tout au moins incertaine, et que, par suite, le but de l'article 109 se trouvait manqué. Ce fut alors que l'article 1 de la loi de finances du 17 avril 1828 autorisa formellement l'établissement de cette taxe, et on vit surgir à cette occasion cet argument que, si on imposait la vente d'une partie de la coupe affouagère, les habitants, insuffisamment pourvus de bois, se mettraient à piller les forêts. Le conseil municipal a donc légalement toute latitude, quoique sa délibération soit soumise à l'approbation préfectorale.

On additionne, pour la taxe affouagère, les frais de garde, d'exploitation, d'amélioration, de délivrance, le montant de la contribution foncière. On s'y prend même souvent de façon que l'addition présente un excédent en faveur de la commune. C'est d'ailleurs ce que permet l'avis du Conseil d'État du 8 août 1838. L'intérêt général de la communauté, l'abandon qu'elle consent de la jouissance de son patrimoine, ne commandent-ils pas, en effet, la faculté d'imposer les habitants autrement que pour parfaire le payement intégral des frais de l'article 109 du code forestier? Enfin l'administration supérieure n'est-elle pas suffisamment armée pour empêcher les exagérations, puisque le préfet est libre de refuser son assentiment ?

Il est à remarquer, toutefois, que cette pratique n'existe qu'en ce qui concerne l'affouage communal. Mais quand il s'agit de l'affouage, droit d'usage assis sur une forêt domaniale ou particulière au profit d'une commune, les taxes ne sont que la représentation exacte des frais inhérents à l'exercice de cette servitude. Aucune surcharge ne doit aggraver la condition des usagers.

La taxe affouagère se recouvre comme les contributions directes ordinaires (art. 140, § 2, loi du 5 avril 1884). Le maire dresse un rôle rendu exécutoire par le préfet. Le conseil de préfecture est compétent en cas de contestations.

L'administration forestière n'est en aucune façon responsable de la perception. C'est à l'adjudicataire de la coupe à veiller à ne délivrer à chaque habitant sa part d'affouage que contre quittance du versement de son impôt. S'il y a délivrance sans accomplissement de cette formalité, l'adjudicataire est passible d'une peine, à moins que l'enlèvement frauduleux de l'affouagiste ne soit, en temps et heure, dûment signalé par le garde-vente à l'autorité administrative.

La délibération du conseil municipal, en matière d'affouage, peut être attaquée par la voie gracieuse devant le conseil municipal lui-même et devant le préfet,

L'impossibilité d'un recours contentieux provient de ce que la création de la taxe est une des prérogatives des corps municipaux.

Il nous reste maintenant à dire un mot des demandes en décharge ou en réduction. Ces demandes peuvent être faites, attendu que nous sommes ici en présence d'un véritable impôt. On a prétendu qu'elles ne sauraient donner lieu à aucun débat au contentieux, la loi n'ayant investi directement du droit de prononcer comme juge sur ces réclamations aucune autorité administrative ou judiciaire. A notre avis, on répond victorieusement à cette opinion que les taxes de pâturage exigées des habitants, en vertu des usages locaux et des délibérations du conseil municipal, sont comprises parmi celles que vise l'article 44 de la loi du 18 juillet 1837. Or cet article déclare qu'elles doivent être perçues d'après les formes établies pour la perception des contributions publiques. Par suite, les conseils de préfecture qui, d'après la loi du 28 pluviôse an VIII, se prononcent sur les demandes des particuliers tendant à obtenir la décharge ou la réduction de leur cote, ont nécessairement le droit de statuer aussi sur les réclamations faites en matière d'affouage, puisqu'elles ont pour objet des taxes communales dont le recouvrement s'opère selon les formes établies pour les contributions. (Dalloz. 1867, 3, 28).

§ IX. — **Poursuite des délits et transactions**

En vertu de la loi du 18 juin 1859 et de l'article 159 du Code forestier, c'est l'administration forestière qui poursuit les contraventions et les délits constatés dans les bois soumis à sa tutelle ; c'est elle qui transige sur les condamnations encourues ou à encourir. Il en est ainsi pour différentes raisons : l'administration a la haute main sur le personnel surveillant, à la nomination duquel elle contribue ; elle est plus apte que l'autorité municipale à apprécier les délits, à en découvrir tous les effets, à en peser la gravité ; enfin, dans la répression, elle se montre plus énergique que la commune, dont l'ardeur à punir pourrait mollir devant cette considération, que le plus souvent, le délinquant est un des membres de la collectivité propriétaire des bois. Il est bien entendu qu'à côté des agents forestiers, le ministère public conserve toutes ses prérogatives en matière de répression.

On a beaucoup discuté sur le point de savoir s'il fallait donner à l'administration l'exercice de l'action publique contre les délits commis dans les forêts. Pour le lui refuser, on a dit que l'action publique ne doit appartenir qu'au ministère public, d'autant plus qu'un jugement de condamnation n'est valable que si ce même ministère a donné ses conclusions sur l'appli-

cation de la peine prononcée. Les nombreux textes du
Code forestier et du Code d'instruction criminelle qui
touchent à cette question, ne s'entendent, ajoute-t-on,
que du droit pour l'administration de réclamer des réparations civiles. Enfin, l'article 19 du Code d'instruction
criminelle semble ne pas lui reconnaître le droit de
demander le prononcé des peines, puisqu'il se borne à
dire que les agents forestiers feront citer les prévenus
devant les juges correctionnels. Cependant, il n'y a
pas à hésiter : on doit rejeter toutes ces critiques. Il ne
faut pas confondre le droit de conclure du ministère
public avec le droit distinct de saisir par action directe
les tribunaux correctionnels et de les forcer à statuer
sur la poursuite, même si le ministère public est d'un
avis contraire. A supposer que l'administration des
forêts ne pourrait que réclamer des réparations civiles, comment expliquer les nombreux cas où elle
poursuit des délits qui n'entraînent que des condamnations à l'amende ? L'article 140 en fournit un exemple. En outre, l'article 159 ne parle-t-il pas d'une manière générale de la réparation des délits ? De l'article
19 du Code d'instruction criminelle on tire une tout
autre conclusion que celle que nous citions tout à
l'heure. Ce texte ne met-il pas sur la même ligne, bien
loin de les distinguer, l'administration et le ministère
public, puisqu'il donne un droit égal de citer et les prévenus passibles de peines et les prévenus qu'on ne
peut condamner qu'à des dommages et intérêts ?
D'ailleurs le droit de faire infliger des peines appartient évidemment aux agents forestiers en vertu

des articles 159, 171, 184 du Code forestier, en vertu de l'article 9, titre 1, de la loi du 29 septembre 1791. (Meaume. n° 1116. Cassation, 8 mai 1835).

C'est l'article 107 du Code de 1827 qui reconnaît l'exercice de l'action civile à l'administration forestière. Les articles 1.3, 182 du Code d'instruction criminelle l'accordent d'ailleurs à la partie lésée par un délit, en même temps que la faculté de traduire devant les juges répressifs le prévenu auquel elle réclame les dommages et intérêts.

L'article 159 du même Code qui autorise l'administration à agir en justice emploie des termes trop généraux ; il semble vouloir s'étendre jusqu'aux délits de droit commun et donner aux agents forestiers pouvoir de les réprimer pour ce seul fait qu'ils ont été commis dans les forêts : ces délits cependant, comme ceux, par exemple, qui portent atteinte à la sûreté des personnes, ne préjudicient en rien à la forêt. Il est dès lors préférable de s'en rapporter à l'article 171, qui parle de délits commis *en matière forestière*. Ce texte s'accorde mieux avec la mission des agents et des préposés. Outre les infractions de droit commun, il convient de soustraire à la poursuite de l'administration celles qui, tout en étant de nature à nuire à la surveillance des forêts, à son sol, à ses produits, sont punies autrement que par la loi forestière ou encore celles auxquelles on applique le Code pénal (art. 208 C. F.). Pour ces infractions, on revient ni plus ni moins au droit commun. Au ministère public exclusivement appartient dès lors l'exercice de l'action publique. Les articles 175 et suivants du Code forestier, sur la foi due aux procès-verbaux des agents, cessent d'être observés. Mais l'administration, comme toute autre partie civile, conserve son action correctionnelle en dommages et intérêts, s'il y a un préjudice causé.

Il n'est pas inutile de remarquer que, quoique représentés par l'administration, les propriétaires des bois soumis au régime forestier pourraient valablement exercer l'action civile par leurs représentants judiciaires ordinaires, sans l'intervention des agents forestiers.

A noter en outre que, dans notre matière, le caractère pénal s'attache aux réparations civiles comme aux amendes. C'est ce qui explique que le ministère public peut à son action publique joindre l'action civile, par dérogation aux principes du droit commun (Cassation, 18 janvier 1828). Cela résulte de la combinaison des articles 182 du Code d'instruction criminelle et de l'article 159 du Code forestier, qui placent sur la même ligne les membres du ministère public et les représentants de l'autorité administrative.

L'article 159 dans sa généralité comprend-il les délits de chasse? Le Code de 1827 n'y fait aucune allusion. Aussi a-t-on cherché à enlever à l'administration des forêts la répression de ces délits. Si l'on se reporte à l'ancienne législation, à l'ordonnance de 1669, à la loi des 15-29 septembre 1791, au code du 3 brumaire an IV, à l'arrêté du 28 vendémiaire an V, on se convainc facilement que les agents forestiers ont toujours eu la faculté de les poursuivre. Le Code de 1827, par son si-

lence, n'entend-il pas maintenir en vigueur les anciens
principes ? N'a-t-on pas toujours appliqué l'article 159
du Code forestier avec cette extension ? La loi du 3
mai 1844, en conférant la répression au ministère public, ajoute que c'est sans préjudice du droit des parties lésées visé par l'article 182 du Code d'instruction
criminelle ; or ce texte comprend, outre le droit d'exiger des réparations civiles, celui d'intenter l'action
publique au même titre que le procureur de la République.

Une particularité assez intéressante à signaler, c'est
que le tribunal correctionnel est toujours appelé à statuer, quelle que soit l'action que l'on porte devant lui,
même une action purement civile. Quoique le principe
général soit que ce tribunal ne doit pas statuer sur
l'action civile qu'accessoirement à l'action publique,
aucune autre juridiction ne doit connaître de l'affaire.
D'après M. Meaume, pour résoudre les questions de
compétence qui se présentent quelquefois, il faut examiner non pas si par sa nature l'action est correctionnelle, mais bien si l'exercice de cette action a été at-
tribué aux agents forestiers. En effet, en se reportant
aux textes, on voit que tout doit être apprécié par le
tribunal correctionnel, alors même que l'examen en
reviendrait plutôt, en cas ordinaire, aux tribunaux
civils ou de simple police. Le rôle contentieux de l'administration est ainsi fort simplifié ; au lieu qu'avec la
compétence de la justice civile, les agents se trouveraient obligés de recourir aux avoués. Bref, la procédure qu'on suit actuellement n'ayant pas produit jus-

qu'ici d'inconvénient sérieux, il n'y a, ce me semble, aucune nécessité de la changer.

Avant de quitter ces questions de répression, ajoutons que les résultats des poursuites contre les délinquants peuvent être sensiblement modifiés. La loi du 18 juin et le décret du 21 décembre 1859 nous apprennent que la transaction est possible soit avant, soit après le jugement. Dans ce second cas toutefois, elle ne porte que sur les condamnations pécuniaires. La transaction est une compensation indispensable de l'inapplication en matière forestière de l'article 463 du Code pénal, les circonstances atténuantes n'étant jamais admises. Suivant la nature et le montant de la peine infligée, elle nécessite l'autorisation du ministre ou du directeur des forêts.

Les conseils municipaux ont maintes fois fait entendre leurs protestations à propos de la faculté, un peu extraordinaire, il est vrai, que possède l'administration des forêts, de disposer à son gré des indemnités réclamées aux délinquants, soit que, pour une raison ou pour une autre, elle y renonce simplement, soit qu'en se conformant au décret du 21 décembre 1859, elle se borne à imposer aux condamnés des journées de travail dans la forêt ou sur les chemins vicinaux (Code forestier, art. 210, 215); mais cette faculté laissée à l'administration n'est que le corollaire forcé du droit de poursuite qui lui est reconnu.

§ X. — Mesures de protection imposées aux communes propriétaires de bois.

I. — *Délimitation et Bornage*

Les mesures de protection, complément nécessaire des règles générales édictées par les articles 90 à 112 du Code forestier, sont nombreuses et sévères.

Le principe est qu'on applique ici, sauf de rares exceptions, les prescriptions admises dans l'intérêt des forêts domaniales.

Pour la délimitation et le bornage, dont parle l'article 90 § 3, nous pourrions renvoyer aux articles 8 à 14 du Code forestier, 57 à 60 de l'Ordonnance réglementaire ; mais, comme nous avons à rechercher dans quels cas et jusqu'à quel point l'autorité administrative prévaut sur l'autorité municipale, il est intéressant d'examiner cette nouvelle situation.

La délimitation sert à fixer la ligne séparative de deux fonds contigus, le bornage matérialise en quelque sorte cette séparation par l'établissement de signes extérieurs bien apparents.

La délimitation est générale ou partielle, amiable ou judiciaire.

Partielle, elle est demandée par la commune ou par

un riverain. Générale, elle peut être réclamée par la commune et par l'administration forestière. Cette dernière a même un privilège; c'est que, pendant six mois, il lui est loisible de surseoir à toute délimitation partielle pour proposer et faire adopter une délimitation générale, déclarée plus conforme à la conservation des richesses forestières.

Amiable, partielle et demandée par la commune, elle nécessite une délibération du conseil municipal. Le maire présente un mémoire au préfet, qui le transmet au conservateur des forêts. Le préfet prend un arrêté, le publie, l'adresse à tous les propriétaires voisins des bois à délimiter, puis désigne les agents forestiers qui devront procéder à une expertise dans l'intérêt de la commune. On recherche la meilleure ligne séparative possible ; on dresse un procès-verbal des opérations ; toutes les parties convoquées et présentes le signent, et le conseil municipal est appelé à en délibérer avant que le ministre de l'agriculture le fasse homologuer par le chef de l'État. Une fois le décret d'homologation obtenu, on s'occupe du bornage.

Si le riverain refuse d'accepter le plan de délimitation tel qu'il a été dressé, la délimitation partielle devient judiciaire. En vertu d'une délibération du conseil municipal et de l'autorisation d'ester en justice donnée par le conseil de préfecture, le maire de la commune saisit de l'affaire les tribunaux de l'ordre judiciaire, et non les tribunaux administratifs, attendu qu'il s'agit ici du fonds même de la propriété. S'il est exact, d'ailleurs, d'après l'article 6, § 2, de la loi du 25 mai 1838, que le juge de paix statue ordinairement en matière de bornage, sauf appel devant le tribunal de première instance, il ne faut pas oublier qu'on déroge à ce principe toutes les fois qu'il y a contestation sur les titres de propriété, comme dans l'hypothèse qui nous occupe, et qu'on donne alors compétence exclusive aux tribunaux civils d'arrondissement.

La délimitation générale peut être amiable ou judiciaire. La commune et l'administration forestière seules sont autorisées à la réclamer. Si l'initiative vient de la commune, la proposition est formulée dans une délibération du conseil municipal ; on en déduit qu'il est décidé par avance à voter tous les crédits nécessaires pour subvenir aux dépenses. Si, au contraire, l'initiative est prise par l'administration, dans un avant-projet le conservateur des forêts soumet ses vues au préfet et il y joint un état des frais qu'entraîneront les travaux ; le préfet invite les municipalités intéressées à délibérer sur la question. Deux cas peuvent se présenter à partir de ce moment: ou les conseils municipaux acceptent ou ils résistent. S'ils font de l'opposition, sous prétexte que la délimitation ne leur paraît pas urgente, on triomphe de cette opposition, en provoquant un décret de l'autorité supérieure, qui ordonne les travaux et en rend les frais obligatoires Pour justifier ce procédé, on tire argument de l'article 136 de l'Ordonnance réglementaire, qui le prévoit pour le cas de travaux extraordinaires. Mais si les conseils municipaux sont disposés à assumer les nouvelles charges, le préfet nomme les agents chargés d'expertiser, et les opérations sont conduites comme pour les forêts domaniales. On dresse un procès-verbal, que signent le maire, les représentants de l'administration, les riverains intéressés ; on le soumet aux délibérations des conseils municipaux, on le fait homologuer par décret, puis les agents forestiers procèdent au bornage.

Les dépenses nécessitées par la délimitation ne rentrent pas dans celles de conservation et de régie que l'Etat supporte contre payement de la taxe dont nous avons parlé à propos des articles 106 et 107 du Code forestier. Aussi les communes y contribuent-elles dans une large mesure. Les traitements des agents forestiers, calculés sur les bases indiquées dans les décrets du 24 mars 1845 et des 25 et 28 août 1861, les frais de procès-verbaux, de recouvrement, leur incombent exclusivement. Elles partagent, au contraire, avec les riverains, les droits de timbre de l'état de répartition, ceux d'enregistrement, de signification des arrêtés de convocation : c'est conforme, d'ailleurs, au principe fondamental de l'opération du bornage à frais communs qui réside dans l'art. 646 du Code civil.

II. — *Défrichement.*

L'article 91 du Code forestier interdit expressément aux communes le défrichement de tout ou partie de leurs territoires boisés, et par défrichement il faut entendre toute transformation de culture. Cette interdic-

tion est en harmonie parfaite avec la mise des bois
communaux sous la tutelle de l'État, qui doit seul apprécier l'opportunité de la suppression de tel ou tel
bois communal. En 1827, on avait décidé qu'elle serait
temporaire pour les particuliers, mais perpétuelle pour
les communes. La loi du 18 juin 1859, en modifiant le
titre 15 du Code forestier, a mis les deux catégories de
propriétaires sur la même ligne. Non pas qu'on leur
applique absolument les mêmes règles ; loin de là.
Ainsi, alors qu'une autorisation expresse du ministre
de l'agriculture est nécessaire pour permettre aux communes de défricher, une autorisation tacite suffit aux
particuliers. Le propriétaire particulier qui veut procéder au défrichement d'une partie de sa propriété est
tenu d'en faire, dans tous les cas, la déclaration quatre
mois à l'avance à la sous-préfecture. L'administration
peut lui signifier son opposition, son veto ; mais si,
dans les six mois, le ministre ne prend pas de décision,
cette opposition tombe d'elle-même. En cas de défri-
-chement de bois particulier, le veto administratif doit
reposer sur des motifs d'intérêt général, article 220 du
Code forestier, (maintien des terres, alimentation des
sources, salubrité) ; en cas de défrichement d'un bois
communal, il ne peut être basé que sur le respect des
intérêts spéciaux de la commune.

Pour arriver au décret qui donne mainlevée de l'interdiction de défricher, quelle est la procédure à
suivre ? Dans une de ses délibérations, le conseil municipal projette le défrichement. On fait parvenir la
demande au préfet, qui la transmet au conservateur des

forêts. Les agents forestiers locaux rédigent un rapport indiquant ce que produit ordinairement le bois communal, l'utilité des coupes qu'on y pratique, si on les vend ou si on les distribue en nature, la réduction dans la part des affouagistes qui résultera de la transformation du fonds proposée, le genre de culture qu'on pourra adopter pour le plus grand avantage de la commune, le revenu futur du sol comparé au revenu présent. Le conseil général donne son avis sur le projet ainsi que le préfet, puis le ministre de l'agriculture, après réception du dossier, autorise, s'il y a lieu, par décret, le défrichement du bois déterminé.

Toute violation de ces règles constitue un délit entraînant une amende et en outre le reboisement, aux frais du délinquant, du terrain dépouillé de ses arbres (art. 221, C.). Peu importe que le défrichement ait été effectué par le maire ou par un entrepreneur sur l'injonction du maire.

S'il y a été procédé par l'un des habitants de la commune, cet habitant est puni à la condition qu'il n'ait reçu d'ordre de personne. Dans le cas où il a travaillé dans son seul intérêt, il tombe sous le coup de l'article 192 du Code forestier, qui punit la coupe de bois dans la propriété d'autrui. Mais, comme ce fait se présente rarement, on présume le plus souvent que le défricheur a agi pour la commune.

A propos de la prescription de ce délit, il convient de signaler que l'on recourt, suivant les cas, à l'article 185 du Code forestier ou à l'article 638 du Code d'instruction criminelle. S'il y a un procès-verbal consta-

tant le délit, la prescription est de trois mois, courant à
dater de ce procès-verbal, à la condition que le délinquant y soit désigné ; de six mois, dans le cas contraire. En l'absence d'un procès-verbal régulier, la
prescription est de trois ans, à dater du jour du délit :
il n'y a pas lieu d'appliquer la prescription spéciale de
deux ans indiquée par l'article 225, attendu que ce texte
concerne un défrichement délictuel fait par un habitant,
par un particulier, et que l'article 91, sans désigner
spécialement cet article, renvoie purement et simplement au titre XV en général du Code forestier.

III. — *Partage des bois communaux.*

Dès avant 1789, c'est une maxime de droit public
que l'indivisibilité absolue des biens communaux : pas
de partage possible. N'est-ce pas conforme à la nature
des choses ? Le droit des habitants est un droit de jouissance ; au corps seul de la commune appartient le droit
de propriété. Le partage aurait pour effet de faire entrer
dans le domaine des particuliers des immeubles dont
ils ne sont pas copropriétaires. Les biens communaux
ne sont destinés qu'à la conservation perpétuelle de
cette fraction du corps social, la commune ; les générations n'ont sur eux qu'un droit d'usufruit successif,
disait, en 1827, M. de Martignac, commissaire du roi,
et aucune d'elles ne peut transformer son titre. Sans
doute, on modifie, s'il y a lieu, l'aménagement ; on va
même jusqu'au défrichement ; mais le principe absolu

du non partage doit toujours subsister. C'est ce qu'a-
vaient déjà établi les lois du 14 août 1792 et du 10 juin
1793, qui, tout en prévoyant pourtant le partage des
communaux entre les habitants, avaient pris soin de
faire exception pour les forêts. C'est ce que répète enfin
l'article 92 du Code de 1827.

Dans une certaine mesure, on est surpris de trouver
ce principe reproduit dans le Code forestier. La tradition était assez vieille, ce semble, pour n'avoir pas besoin d'être confirmée sous une nouvelle forme. Cela
s'explique cependant : dans la tourmente révolutionnaire, on avait maintes fois essayé de tourner la pro-
hibition du partage et il s'était rencontré des cas où les
habitants de quelques communes, se prétendant propriétaires de bois communaux, s'étaient risqués à intenter une action en revendication contre les municipalités. Ces dernières, jugeant probablement de leur
intérêt de n'opposer aucune résistance à ces réclamations, ne s'étaient point défendues ou l'avaient fait
mollement. De sorte qu'à plusieurs reprises, des jugements réguliers avaient consacré positivement ces vio-
lations flagrantes de la loi. C'est pour prévenir le retour
de ces abus qu'on a cru bon de rédiger l'article 92.

L'alinéa 2 du texte nous laisse entendre, et avec
raison, que le droit commun reprend son empire, qu'on
peut, en un mot, échapper aux inconvénients de l'indivision (art. 815, c. civil), provoquer le partage des forêts indivises entre communes et sections de communes.
Ce n'est pas, en somme, une dérogation à la règle
générale.

Ce partage, le seul dont on ait à s'occuper, se présente sous deux formes différentes, selon qu'il y a accord ou désaccord entre les intéressées.

Y a-t-il accord ? Les conseils municipaux prennent des délibérations par elles-mêmes exécutoires : cela résulte du silence sur notre matière, dans l'énumération limitative de l'article 68 de la loi du 5 avril 1884 relative à l'organisation municipale. Notons à ce sujet une différence entre la législation actuelle et ce que consacrait l'article 19 § 4 de la loi du 18 juillet 1837, qui, tout en admettant la nécessité de semblables délibérations, ne les déclarait exécutoires que sur approbation de l'autorité supérieure, c'est-à-dire du préfet.

Le partage une fois décidé, on suit, pour y procéder, l'article 3, section IV, de la loi du 10 juin 1793 et l'avis du Conseil d'État du 4 juillet 1807 : la loi du 10 juin 1793 n'a été en effet abrogée que pour ce qui concernait le partage des communaux entre les habitants (Aucoc : *Sections de communes*, 2ᵉ édition). Pour la composition des lots, on choisit des experts ; chaque maire en nomme un, et, en cas de désaccord entre les experts, le préfet en désigne un troisième. Ils ont à déterminer le droit de propriété de chaque commune, et, pour y arriver, ils consultent les titres. Si les titres ne fixent pas la part de chaque municipalité, on partage l'immeuble proportionnellement au nombre des feux, sans tenir compte de l'étendue respective des territoires, quoiqu'on ait fait observer avec une certaine apparence de raison que la population flotte et varie d'une manière continuelle, au gré des épidémies, des guerres ou de l'in-

dustrie et ne forme pas toujours une base de calcul
bien rationnelle. Avant 1789, les modes de partage
étaient loin d'être les mêmes : ici on s'attachait à l'é-
tendue territoriale, là au nombre des ménages. La loi
de 1793 s'en tenait au nombre des habitants. Les avis
du Conseil d'État du 20 juillet 1807 et du 26 avril 1808
établirent définitivement le partage par feux. Si des contestations s'élèvent sur l'interprétation des titres, sur
la copropriété, sur le nombre des feux, les tribunaux
judiciaires compétents appliquent le droit commun. Il
est à noter que les juges n'ont pas à envisager la jouissance, si longue qu'elle ait été, pour arrêter l'étendue
du droit de propriété d'une commune. L'article 15, section 2, de la loi du 10 juin 1793, sur le partage des biens
communaux entre habitants, article qui s'applique aujourd'hui pour le partage entre communes et sections
de communes, décide en effet qu'on ne pourra jamais
partager qu'en suivant scrupuleusement les formes de
la loi ; que tout usage qui permettra d'adopter une méthode différente ne devra en aucune circonstance être
pris en considération. Certes, il est bien évident qu'un
usage, uniquement relatif à la distribution des fruits, ne
peut influer sur le partage de la propriété ou du fonds.

On enlève à la connaissance des tribunaux judiciaires, pour les soumettre aux conseils de préfecture, les
questions relatives au mode de partage, à son opportunité, à son exécution.

Pour l'attribution des lots, on déroge aux règles du
droit civil ; ce n'est pas le sort qui décide. Il est de première importance en effet pour chaque commune d'ob-

tenir le lot dont elle est le moins éloignée (Batbie, *Droit administratif*, tome 5).

Pour être définitif, le partage doit être homologué par décret du chef de l'État, qui s'assure s'il n'y a pas eu collusion en vue de modifier les aménagements existants.

Il peut y avoir désaccord entre les communes relativement à l'indivision de leurs bois. Celles qui veulent la faire cesser n'ont qu'à s'adresser à la justice. L'autorité judiciaire rend son jugement sur les délibérations des conseils municipaux intéressés. Des auteurs prétendent qu'ici le partage est tout à fait impossible, parce que, ce partage étant un acte administratif, les tribunaux judiciaires ne sont pas admis à s'y intéresser à cause du principe de la séparation des pouvoirs. Cette opinion n'est pas irréfutable. La loi du 18 juillet 1837, a cessé d'être en vigueur depuis la loi du 5 avril 1884. En 1837, la délibération de l'autorité municipale devait être approuvée par le préfet. Aujourd'hui, elle est exécutoire par elle-même. Il n'est plus besoin d'autorisation supérieure ; le tribunal ne fait que suppléer la commune dans un acte de gestion. Si le partage est jugé inutile, le tribunal n'a qu'à le repousser. Mais, objecte-t-on, si ce partage est trouvé opportun, il devient judiciaire, et dès lors l'attribution des lots se fait par la voie du sort ; or pourquoi n'applique-t-on pas cette fois encore les règles du Code civil ? Il n'y a là aucune violation de la loi ; il y a seulement une pratique traditionnellement admise ; le sort n'attribue pas les lots, voilà tout.

Pour que le tribunal ait le droit de statuer sur ces

questions de partage, il est, bien entendu, de toute nécessité que la commune ait été au préalable autorisée à ester en justice.

Remarquons, en finissant, qu'en notre matière, l'administration des forêts n'intervient pas : il ne s'agit plus ici de la gestion proprement dite des bois communaux. Quant aux risques que pourraient courir les aménagements, ils sont suffisamment écartés par la nécessité du décret d'homologation des partages.

IV. — *Des quarts en réserve.*

L'article 93 du Code de 1827 offre à l'administration forestière une nouvelle occasion de se montrer particulièrement vigilante. D'après ce texte, la commune doit maintenir un quart de ses bois en réserve, c'est-à-dire ne jamais le comprendre dans ses coupes, pour le laisser croître en futaies. Dans quel but? Pour s'assurer des ressources, pour parer aux éventualités fâcheuses, par exemple, aux incendies et aux inondations. C'est là une règle traditionnelle. Un édit de 1561 prescrivait aux communes la réserve d'un tiers de leur territoire boisé. Un édit de 1573 la réduisit au quart. L'ordonnance de 1669, article 2, titre 25, en prescrivit avec soin l'établissement dans l'intérêt du travail national. « Le quart des bois, disait-elle, sera réservé pour croître en futaies dans les meilleurs fonds et lieux les plus convenables. » La loi du 15 septembre 1791 maintint les quarts réservés et ce sont eux que nous retrouvons dans notre article 93.

Cette mesure n'est imposée que lorsqu'il s'agit de bois soumis au régime forestier, de bois de plus de dix hectares de superficie, attendu que dans ceux d'une moindre étendue elle ne serait plus d'aucune utilité. On exempte de la règle les forêts qui se composent exclusivement d'essences résineuses. Lors de la confection du Code de 1827, on avait demandé que la même obligation pesât sur les immeubles de cette dernière catégorie ; on avait fait valoir que les communes y trouveraient un réel avantage, puisqu'il leur serait donné d'avoir de cette façon de plus beaux arbres. On répondit qu'on ne voulait pas changer le mode de jouissance de ces forêts ; qu'on laissait, d'ailleurs, aux intéressés la faculté de soustraire, si bon leur semblait, certains cantons aux exploitations périodiques. En tous cas, l'exception subsiste toujours ; il est vrai de dire qu'on ne se l'explique pas bien.

Les quarts réservés ne doivent pas être soumis à des coupes régulières. L'article 140 de l'ordonnance réglementaire n'autorise l'abattage des arbres qui s'y trouvent que dans les cas de dépérissement ou de nécessité absolue. Encore faut-il un décret pour qu'on puisse y mettre la cognée. A peine permet-on aux préfets, dans les cas très urgents, tels que ceux de réparations de digues, de ponts emportés par les eaux, de maisons incendiées, de prendre exceptionnellement des arrêtés de délivrance, après entente avec les inspecteurs et le conservateur des forêts.

Nous pouvons donc conclure de ce qui précède que la coupe de la totalité d'un bois communal n'est possible que quand le bois a moins de dix hectares de superficie, et, dans le cas d'une étendue supérieure, quand il contient uniquement des essences résineuses.

Ajoutons que le mode d'établissement du quart laissé en réserve varie ; qu'il est tantôt à assiette fixe, tantôt à assiette mobile. Dans le premier cas, on met à part un quart de la contenance séparé sur le terrain ; dans le second, on le prélève sur la possibilité des coupes ordinaires.

V. — *Des usages.*

Nous avons jusqu'ici étudié la jouissance des communes dans les forêts dont elles sont propriétaires. Disons un mot des droits que possèdent, à titre d'usagers, des particuliers ou des établissements publics sur les bois communaux. L'administration fait ici observer toutes les mesures de protection dont elle entoure les forêts de l'État. Non seulement elle a obtenu qu'on ne permît plus dès 1827 la constitution de nouveaux usages forestiers, mais encore elle s'est armée du droit de régler l'exercice des usages existants, en faisant respecter l'état et la possibilité des forêts communales.

On distingue les usages au bois et les usages au pâturage.

Conformément aux dispositions de la section VIII, titre 3, du Code forestier, c'est à l'administration qu'il appartient de fixer la durée de la glandée et du panage, de désigner les cantons défensables où peuvent pénétrer les bestiaux, de déterminer le nombre des animaux qu'il est possible d'y admettre, tout en excluant ceux qui sont destinés au commerce ; c'est encore elle qui impose l'obligation des troupeaux communs et qui prescrit le passage par des chemins de la forêt nettement désignés. Par ces divers moyens elle réussit à rendre la surveillance de ses gardes et préposés beaucoup plus étroite et plus active.

Elle prohibe d'une manière absolue l'introduction dans les bois défensables ou non des brebis, des chèvres et des moutons, dont la dent est plus nuisible aux arbres que l'exploitation la plus mal dirigée. Nous avons à cet égard deux textes, l'article 78 et l'article 110 du Code forestier qui s'appliquent, le premier, aux usagers *extranei*, le second, aux habitants des communes. Il est curieux de les opposer l'un à l'autre au point de vue des pénalités. Des deux côtés, les pâtres sont exposés à l'amende fixe de 15 francs de l'article 78, à laquelle s'ajoutent de cinq à quinze jours de prison en cas de récidive. Mais, en ce qui concerne les propriétaires de bestiaux, si ce sont les habitants des communes qui sont en faute, l'article 110 inflige l'amende simple de l'article 199 du Code forestier ; si, au contraire, ce sont des usagers proprement dits, ils sont passibles de l'amende double de l'article 78. On conçoit en effet que les habitants d'une localité qui commettent un délit dans leurs propres bois soient traités avec moins de rigueur que des étrangers qui nuisent au bien d'autrui.

L'usage qui grève la forêt communale étant assujetti à la même réglementation que l'usage établi sur une forêt domaniale, il importe de faire remarquer que le mode d'extinction du pâturage par le rachat s'emploie des deux côtés. Et comme la tendance générale est d'assurer la liberté des fonds, ces rachats sont plutôt favorisés qu'entravés. Dans un seul cas, cependant, le préfet et le ministre de l'agriculture ont le droit de s'y opposer, c'est lorsque le pâturage est d'une nécessité absolue pour les usagers. Hors de là, pour le rachat amiable comme pour le rachat judiciaire, on se réfère aux dispositions du décret du 12 avril 1854.

Nous ne nous étendrons pas davantage sur ce point. Ajoutons toutefois qu'on recourt ordinairement au rachat par capitalisation.

A côté des usages au pâturage, se placent les usages au bois, que nous avons déjà signalés en passant. L'administration forestière agit encore ici librement. Comme aux usagers de l'Etat, elle doit faire la délivrance des bois aux usagers communaux, qu'il s'agisse de la jouissance des habitants de la commune ou de celle d'étrangers. Elle surveille l'adjudication des coupes usagères ; elle impose un entrepreneur spécial et responsable ; elle soustrait enfin les usagers à l'application des articles 83 et 84, en leur permettant de disposer à leur gré des bois qu'elle leur délivre.

Les communes peuvent s'affranchir de ces usages

au bois comme des autres. L'article 111 le proclame. On opère le cantonnement, suivant les circonstances, soit à l'amiable, d'après le décret du 10 mai 1857, soit judiciairement. La demande de cantonnement amiable doit être présentée par la commune au préfet, qui prend l'avis de l'administration des forêts. Cette dernière fait faire une expertise à laquelle la commune a le droit d'envoyer un expert de son choix. Si les usagers acceptent les offres qu'on leur soumet, le ministre de l'agriculture statue et homologue l'opération par un décret. En cas de refus, le maire de la commune, dûment autorisé, intente une action en justice contre tous les intéressés et le cantonnement devient judiciaire. Aux juges est laissée la liberté d'adopter le mode de cantonnement par capitalisation ou tout autre.

CONCLUSION.

En résumé, la soumission au régime forestier ne laisse pas d'entraîner pour les communes propriétaires des conséquences considérables.

Les communes perdent totalement l'administration de leurs immeubles boisés.

Les agents et préposés forestiers se trouvent substitués au maire et au conseil municipal pour tout ce qui concerne les opérations de délimitation, d'aménagement ou de sylviculture, les exploitations, le pâturage dans les cantons défensables, la vente des menus produits, la constatation et la poursuite des délits, et, d'une manière générale, pour tout ce qui est relatif aux opérations de conservation et de régie.

La participation de l'autorité municipale à l'administration des bois communaux n'est admise qu'à la condition qu'il s'agisse de travaux extraordinaires, de repeuplements, d'établissement de clôtures, de confection de routes, de constructions ou autres améliorations sérieuses, ou bien lorsqu'on demande la modification de l'aménagement actuel, lorsqu'on veut entreprendre une opération de délimitation. Nous avons cependant constaté que, même dans ces cas, on se borne à consulter simplement les conseils municipaux, et que, si les avis par eux exprimés se trouvent être contraires aux propositions de l'administration forestière, on passe outre à l'accomplissement des travaux projetés, après toutefois que le chef de l'Etat a rendu un décret, sur le rapport favorable du ministre compétent. Les questions de délimitation n'exigent même pas toujours, nous l'avons vu, l'intervention du pouvoir exécutif.

On peut donc dire que les communes sont placées sous la tutelle étroite de l'Etat, et que leurs biens sont sous la sauvegarde des agents forestiers comme les biens des mineurs sont sous la protection des tuteurs.

Cette tutelle ne s'applique qu'à l'administration des forêts communales. L'emploi des produits ligneux reste entièrement à la discrétion des municipalités. Les agents forestiers n'ont plus, comme avant 1789, à en surveiller la destination ; ils n'ont qu'à exécuter les délibérations des conseils municipaux, soit qu'elles décident que les coupes et les produits accessoires seront distribués en nature entre les habitants, soit qu'elles concluent à leur vente aux enchères publiques. Au préfet seul il appartient d'opposer son veto à l'exécution de ces délibérations, quand il les juge en opposition avec les intérêts de la commune.

CHAPITRE III.

CRITIQUES FORMULÉES CONTRE LA SOUMISSION DES BOIS COMMUNAUX AU RÉGIME FORESTIER. RÉFUTATION DE CES CRITIQUES. INNOVATIONS POSSIBLES.

Section I. — *Critiques contre la soumission des bois communaux au régime forestier.*

Ce n'est pas d'hier que datent les attaques dirigées contre la soumission des bois communaux au régime forestier. Seulement elles se sont montrées plus vives que jamais dès le lendemain de l'apparition du Code de 1827. On ne s'est pas contenté de formuler de vagues objections, d'émettre de simples vœux pour obtenir la modification d'un état de choses jugé déplorable ; c'est sur tout un ensemble d'arguments serrés, précis, spécieux, qu'on a échafaudé les nombreux projets de réforme présentés à l'approbation du législateur dans la dernière moitié de ce siècle.

§ I. — Intérêt de la marine et reboisement des montagnes.

Les dispositions du Code forestier sont surannées, entendons-nous répéter de toutes parts ; elles ne sont que la reproduction de l'ordonnance de 1669, et pourtant il est impossible d'invoquer aujourd'hui les raisons économiques qui déterminaient Colbert, il y a plus de deux cents ans, à établir une réglementation sans contredit très remarquable, très sage, et surtout d'une nécessité absolue au dix-septième siècle. Le but du premier ministre de Louis XIV était d'assurer à la marine nationale les bois indispensables pour ses navires. La protection étroite de tous les terrains boisés sans distinction se justifiait ainsi par les besoins du moment. En outre la conservation des forêts tendait à favoriser l'alimentation des sources et des cours d'eau, à empêcher les glissements de terrain, les torrents, les inondations provenant des avalanches qui descendent des régions élevées ; l'absence de toute espèce de disposition législative à cet égard expliquait donc les restrictions apportées à la jouissance des propriétaires.

Mais à présent, de ces deux catégories de motifs, l'une n'a pas plus de valeur que l'autre. D'une part, la marine devient de plus en plus désintéressée dans la question. Ne construit-elle pas maintenant presque tous ses navires en fer ? Dans l'édification des monuments publics, des hôtels, des maisons, ne cherche-t-on pas à généraliser aussi l'emploi de ce roi des métaux ? En vertu des ordonnances du 1er août 1827 et du 14 décembre 1838, les arbres destinés au service de la marine sont, du reste, exemptés du martelage dans tous les bois soumis au régime forestier.

D'autre part, les lois postérieures à 1827, les lois de décembre 1859 et d'avril 1882, ne suffisent-elles pas amplement à interdire les défrichements et à assurer le reboisement des montagnes ainsi que l'alimentation des sources ?

Si les raisons mentionnées plus haut avaient conservé toute leur importance, comprendrait-on pourquoi les bois des particuliers, qui n'échappaient pas à la surveillance de l'administration forestière, lors de l'application de l'ordonnance de 1669, sont aujourd'hui soustraits à cette administration ?

§ II. — Étendue des bois communaux.

Les adversaires du Code forestier n'admettent en aucune façon l'exclusion absolue d'une municipalité de la gestion de ses immeubles boisés. On est propriétaire ou on ne l'est pas, disent-ils. L'intervention des agents forestiers ne constitue rien moins, à leurs yeux, qu'une violation du droit de propriété, une expropriation inique au profit de l'État, et cela sous le fallacieux prétexte de prévenir les abus de jouissance, si nuisibles aux forêts. Si encore ce procédé pouvait s'excuser par les heureux résultats d'une administration irréprochable, on pourrait s'interdire des reproches acrimonieux. Mais il est très facile de prouver que la réglementation actuelle, sans préjudicier seulement aux intérêts particuliers de la commune, porte atteinte aux intérêts généraux de la France entière. Et, à cette occasion, on fait appel aux statistiques.

En 1789, dit-on, 6.888.000 hectares de forêts appartenaient aux communes et aux particuliers, et on ne peut indiquer, même aujourd'hui, la part de chacune de ces catégories de propriétaires dans cet immense domaine.

En 1813, 2.000.000 d'hectares étaient la propriété des communes, 2.000.000 celle des particuliers .

En 1823-1825, les communes possèdent 2.078.000 hectares, les particuliers, 3.100.000.

En 1862, les communes en ont 2.150.000, et les particuliers 6.077.000.

En 1876, la part des communes se chiffre par 2.090.788 hectares (1) et la part des particuliers par 6.127.398 hectares.

Enfin, en 1882, tandis que les immeubles boisés des communes propriétaires s'étendent sur 2.188.380 hectares, ceux des particuliers couvrent 6.207.071 hectares.

---

1. Cette diminution est une conséquence de la perte que nous avons faite, en 1871, de l'Alsace et de la Lorraine.

A l'aide de cette comparaison, on constate, d'après les adversaires de la législation forestière actuelle, que les communes, malgré les prétendus soins de l'administration, restent bien loin derrière les particuliers, libres de toute entrave. Si, de 1825 à 1882, les bois de ces derniers se sont accrus de plus de trois millions d'hectares, ceux des communes ont à peine augmenté d'un peu plus de cent mille. N'est-ce pas la conséquence, dit-on encore, des règles par trop étroites du régime en vigueur ? Les communes ne sont pas disposées à boiser leurs terres incultes ? Mais c'est précisément parce qu'elles veulent éviter les conflits qui naissent toujours de l'intervention des agents forestiers. Les particuliers, au contraire, qui n'ont pas d'obstacles à surmonter dans la libre exécution de leurs projets, n'hésitent pas à étendre leurs richesses forestières. Et il n'est pas sans intérêt de remarquer qu'en ce qui concerne les bois non soumis à la surveillance administrative, l'envie de boiser et de reboiser s'empare tout aussi bien des municipalités que des propriétaires particuliers. Ces bois ne couvraient, en 1876, qu'une surface de 230.000 hectares ; en 1882, leur étendue était de 253.000 hectares ; ce qui fait, pour une période de six années seulement, une progression relativement considérable.

§ III. — Production des bois communaux.

Entre deux ou plusieurs forêts, il ne suffit pas de

comparer les surfaces boisées ; il importe également de mettre en parallèle les produits annuels, les rendements respectifs de chacune d'elles. A cette occasion encore, on se fait fort de démontrer péremptoirement l'avantage de la liberté sur l'excès de réglementation.

La statistique agricole de la France, en 1882, relève pour la production par hectare :

Dans les taillis simples :

2^m581, pour les bois des particuliers ;

1^m742, pour les bois communaux non soumis au régime forestier ;

1^m109, pour les bois communaux soumis à ce régime ;

Dans les taillis sous futaies :

3^m358, pour les bois des particuliers ;

2^m173, pour les bois communaux libres ;

3^m575, pour les bois communaux soumis au régime forestier. On a ici exceptionnellement un revenu supérieur aux autres.

Dans les futaies feuillues :

2^m639, pour les bois des particuliers ;

1^m895, pour les communaux libres ;

1^m001, pour les communaux soumis au régime forestier ;

Ce qui donne comme moyenne de production :

Par hectare :

2^m882, pour les bois des particuliers ;

2^m058, pour les communaux libres ;

1^m894, pour les communaux soumis au régime forestier.

L'infériorité de production se trouve donc toujours du côté de la commune : preuve suffisamment claire que si les agents forestiers savent travailler à l'embellissement des arbres et veiller à la santé des taillis, ils s'occupent bien peu de l'intérêt des caisses municipales.

§ IV. — Gestion des bois communaux.

Forts de ces statistiques, les adversaires du régime administratif, possédés de l'enthousiasme de la destruction, s'arment d'audace et n'hésitent pas à attaquer de front l'administration forestière. Après avoir combattu la loi qui l'investit d'une autorité très étendue, ils vont jusqu'à critiquer les méthodes d'exploitation.

Passons en revue toutes les critiques.

La gestion d'un bien par un tiers ne saurait remplacer avantageusement celle du propriétaire lui-même. On sait que l'ordonnance de 1669 n'a nullement arrêté la ruine du domaine forestier dans toute la France, puisque, sous Louis XV, la dépopulation des forêts n'a cessé de s'affirmer. En 1781, Necker ne soutenait-il pas qu'une administration, si parfaite qu'elle fût, ne pouvait jamais apporter dans ses exploitations autant de soins que le véritable propriétaire, fût-il une commune ou tout autre établissement public ? En effet quel est l'intérêt des agents forestiers à se montrer vigilants ? Le seul amour propre ne suffit pas toujours à stimuler le zèle des fonctionnaires. En 1789, nombre de cahiers du Tiers-Etat réclamaient énergiquement contre la soumission au régime forestier ; ils faisaient remarquer, avec beaucoup de vérité, qu'il n'y avait pour les possesseurs de bois aucun attrait à peupler de pépinières les terres incultes, puisqu'on ne laissait même pas aux intéressés la liberté d'élaguer, à leur gré, les arbres qu'ils avaient plantés. Qu'on sache bien qu'on ne songeait alors, pas plus qu'aujourd'hui, du reste, à se soustraire entièrement à l'autorité administrative ; on ne courait pas au-devant d'une liberté absolue, qu'on aurait pu cependant légitimement ambitionner à ce moment d'éclosion de toutes les libertés. On voulait simplement faire passer les prérogatives de l'administration aux Etats provinciaux, plus à même, pensait-on, de réglementer la gestion des forêts suivant l'intérêt des diverses localités. On accueillit favorablement les réclamations, en délivrant de toutes entraves les propriétés des particuliers. Mais le travail nécessité par l'enfantement de la nouvelle constitution empêcha de pousser plus loin les réformes, et on maintint jusqu'à nouvel ordre l'application de l'ancienne législation aux domaines communaux. Le Code de 1827 n'a pas jugé à propos d'innover sur ce point, et on a vu plus haut à quels résultats désastreux il a abouti.

L'exploitation des forêts est, on veut bien le reconnaître, trop difficile et aussi trop compliquée pour ne pas exiger le recours à des capacités spéciales. On

n'oserait affirmer que le premier conseiller municipal
venu, en donnant libre carrière à son imagination, si
féconde qu'elle pût être, suffirait seul à cette tâche très
ardue. Mais on trouve peu favorable, funeste même,
l'esprit de réglementation systématique et unitaire des
agents forestiers. Ils ont le grave tort, poursuivent nos
adversaires, d'appliquer par toute la France les mêmes
principes de culture et d'exploitation. Assurément, ces
principes ont du bon ; mais, si diverses régions s'en
accommodent parfaitement, ils ne conviennent pas toujours à d'autres terrains dont le sol répugne à telles ou
telles essences de bois. Si à cet inconvénient vient
s'ajouter l'envoi, dans les localités intéressés, de forestiers qui sans doute sont instruits, actifs, intelligents,
mais aussi trop jeunes pour connaître parfaitement
toutes les exigences du fonds, sa fertilité, en un mot,
ses qualités intrinsèques, n'est-il pas très utile de leur
adjoindre, pour la gestion administrative, ceux des représentants de la commune qui pourraient les faire
profiter de leurs connaissances pratiques ? Ne serait-
ce pas plus logique que de repousser, dans tous les
cas, les avis des communes, véritables propriétaires
des forêts qu'il s'agit d'améliorer ? Les expériences
sont longues et très coûteuses, et parfois elles se font
au plus grand détriment des propriétés elles-mêmes.
Il est sage, à différents points de vue, d'empêcher des
agents, même animés d'excellentes intentions, de
poursuivre de vaines curiosités. Que l'expérimentation
ne soit pas dédaignée, d'accord ; mais que le champ
consacré aux expériences n'ait pas une étendue con-

sidérable, et que l'on continue ailleurs à observer les vieilles et bonnes traditions, les anciens usages dont on s'est toujours accommodé ; bref, qu'on n'utilise les récentes découvertes de la science forestière que si l'on est presque sûr du succès.

Comprend-on d'ailleurs qu'on applique aux bois des communes des règles qui conviennent exclusivement aux bois domaniaux ? L'Etat est riche, ou du moins il peut attendre pendant de longues années le produit de la vente des coupes, vu l'infinie variété de ses ressources et les moyens dont il dispose pour s'en créer de nouvelles. Mais il en est autrement des communes, dont bien souvent les budgets sont très maigres. Et c'est ici qu'on trouve un point de contact entre la condition des municipalités et celle des particuliers. Si la méthode d'exploitation en futaies est, dans une certaine mesure, nécessaire à la conservation intégrale du fonds boisé dans l'intérêt de l'avenir, le développement des taillis ne serait-il pas préférable pour accroître les revenus, et de moins longs intervalles dans les révolutions ou entre les coupes ne favoriseraient-ils pas des rentrées successives de capitaux qui dispenseraient de recourir aux emprunts, toujours si lourds pour les contribuables ? Sans être économistes, les agents forestiers peuvent très bien se convaincre qu'il y a avantage évident à retirer d'un capital tout ce qu'il est capable de produire. Et puis ces agents ne sont-ils pas des fonctionnaires salariés des communes ? Travailler dans l'intérêt pécuniaire des habitants pourrait, ce semble, se concilier parfaite-

ment avec l'envie de satisfaire des goûts plus ou moins
artistiques en matière d'arboriculture.

§ V. — Quarts en réserve

Comprend-on que l'administration forestière, sous
prétexte d'assurer des réserves pour les cas imprévus,
pour réparer des désastres qui n'arrivent que bien rarement, tels que les incendies et les inondations, laisse
s'accumuler des quantités considérables de bois de
grande valeur, qui dépérissent sous l'œil indifférent de
ses préposés ? Et ces bois ne sont soumis à aucune espèce d'aménagement ! Et on ne peut y faire pratiquer
des coupes que lorsque leur grand âge ne permet plus
d'en tirer aucun parti !

N'est-ce pas contraire aux règles les plus élémentai-
res de la sylviculture ?

La loi ne s'explique pas sur le mode d'assiette des
quarts réservés. On les constitue soit à assiette fixe,
soit à assiette mobile. Dans le premier cas, on sé-
pare sur le terrain un quart de la contenance générale
du territoire boisé ; dans le second cas, on laisse çà
et là, sur toute la surface de la forêt, un nombre déterminé d'arbres choisis par les agents forestiers. Par
suite, on a, d'une part, une étendue de terrain peu-
plée d'arbres trop mûrs, dont la présence amène un
appauvrissement général du sol ; car les substances

nutritives du fonds sont entièrement absorbées par quelques générations de sujets. Ou bien, d'autre part, on voit s'élever par ci par là des arbres qui, après avoir atteint leur maximum de grosseur et dépassé l'âge où ils sont exploitables, finissent par mourir sur place ou par étouffer, en raison de leur extension, la jeunesse qui les entoure, compromettant ainsi pour longtemps la production ligneuse de tout un canton. Est-ce là ce qu'on entend par une gestion de bon père de famille ?

A un autre point de vue, il y a dans cette façon de procéder une flagrante contradiction avec le droit usufructuaire des communes. Conformément aux dispositions du Code civil, un usufruitier — et les communes ne sont, à proprement parler, que des usufruitières — doit avoir la jouissance des fruits, de tout ce que peut produire le fonds sur lequel il exerce son droit. En maintenant les quarts réservés, on porte donc atteinte au droit des communes. Et cependant rien ne serait plus logique que de le leur laisser tout entier, puisqu'on prétend devoir leur enlever les plus simples prérogatives attachées à un autre droit, celui de propriété.

§ VI. — Aménagement

Quoi qu'il en soit de ces réserves, l'aménagement du reste des forêts est-il au moins conçu d'une façon rationnelle? La loi de 1791 nous avait promis des règles précises en matière d'aménagement. On est encore à les attendre. Nous n'avons, pour nous guider, que les seuls articles 15 et 16 du Code forestier, et les articles 67 et 70 de l'ordonnance réglementaire. C'est absolument insuffisant. Il faudrait un ensemble de règles précises, et, comme il fait défaut, on néglige les principes d'après lesquels les modes de traitement des forêts doivent différer selon les régions, la nature des sols, le climat, les essences, les besoins économiques des départements.

D'après une opinion assez générale, le mal serait en partie conjuré, si on modifiait la composition de la commission d'aménagement, si, par exemple, on avait soin de ne pas la constituer exclusivement avec des hommes étrangers au pays, si on adjoignait aux agents supérieurs de l'Etat un certain nombre d'hommes compétents, pris dans la région intéressée, désignés, au besoin, par le conseil général, et d'une expérience faisant autorité. Mais cette mesure, pour être vraiment utile, doit être complétée par d'autres.

Deux méthodes d'exploitation sont en ce moment particulièrement en vogue : la méthode jardinatoire et la méthode par éclaircies ; on accorde toutefois la préférence à la seconde. Avec la première, on abat, chaque année, un nombre déterminé d'arbres de même grosseur sur un espace précisément délimité. Avec la seconde, on pratique des ensemencements sur un fonds dont on dégarnit les environs. Le vice de ce dernier procédé est manifeste. Les intervalles entre les plants

étant très nombreux et assez larges, le sol se dessèche,
se dépouille de son humus et de la mousse qui recouvre
le tapis de terre végétale où, dans une bienfaisante
humidité, la racine des jeunes sujets se développe.

Les agents forestiers ont encore, on l'a vu, une
tendance trop marquée à exploiter les arbres après
leur maturité, de sorte que l'intérêt des populations de
certaines régions montagneuses se trouve lésé, que
l'ensemble de la jeunesse languit, souffrant du voisi-
nage d'arbres trop grands qui devraient disparaître, et
qu'enfin le fonds perd peu à peu de ses précieuses
qualités. M. Viette, ministre de l'agriculture, raillait
spirituellement, en 1888, les agents de l'administration :
« Ils sont trop artistes, disait-il ; ils se considèrent
comme des jardiniers paysagistes ; ils ménagent un
peu trop leurs forêts ; ils ont pour leurs arbres une
tendresse extrême ; ils les appellent leurs ancêtres :
Philémon et Baucis après la métamorphose. »

§ VII. — Avis des communes

Il semble que les intéressés devraient être autorisés,
dans toutes ces circonstances, à faire entendre leurs
justes réclamations, à émettre des avis, et même à
donner des conseils à l'administration, qui n'est pas infaillible. Mais elle n'a que faire des conseils et des avis
dont parlent le Code de 1827 et la loi de 1871 : c'est

pour la forme que l'on consulte les communes. N'est-il
pas tout au moins singulier d'imposer ainsi à des propriétaires un régime qu'ils condamnent, et de ne pas
leur permettre de présenter même des observations ?

Qu'on ne se récrie pas, et qu'on ne prétende pas
qu'on est ainsi dans l'esprit du Code forestier ! Qu'on
en lise les travaux préparatoires : on verra que le
rapporteur du gouvernement, en 1827, déclarait que
l'Etat voulait seulement se réserver une administration de précaution et de garantie dans l'intérêt et pour
le compte des communes. N'était-ce pas attribuer à ces
communes une part légitime dans cette administration,
au lieu de laisser, comme de nos jours, l'Etat et ses
agents être les maîtres souverains ?

§ VIII. — Conflits entre les communes et l'administration

Les inconvénients de l'autorité absolue des agents
forestiers se remarquent surtout dans les cas — et ils
sont nombreux — où des contestations s'élèvent entre
la commune et les représentants de l'Etat, soit, par
exemple, lorsqu'il s'agit de la soumission d'un pré bois
au régime forestier, soit encore lorsqu'on ne s'entend
pas sur l'étendue à donner à la possibilité de la forêt au
point de vue des coupes et du pâturage.

D'après le Code de 1827, les décisions de l'administration sont attaquables de deux manières. Il y a d'a-

bord le recours gracieux devant le ministre compétent, puis le recours contentieux devant le conseil de préfecture. Ordinairement, on s'adresse au ministre pour éviter les lenteurs de l'autre procédure, et, dans l'incapacité où il est de statuer seul, le ministre se renseigne auprès des agents forestiers locaux, qui deviennent ainsi juges et parties dans leur propre cause. Si les communes, après avoir saisi les Conseils de préfecture, portent leurs griefs devant le Conseil d'Etat, le résultat est le même : le Conseil d'Etat prend infailliblement l'avis de l'administration des forêts. Voilà donc une administration irresponsable ; elle échappe à toute censure, elle se contrôle elle-même. On entrevoit les conséquences de cette situation privilégiée.

N'y a-t-il pas moyen de remédier au mal ?

§ IX. — **Projets et propositions de lois en vue de réformer le Code de 1827**

En 1870, M. Ordinaire, député, proposait de faire trancher tous les différends uniquement par les conseils généraux. On a repoussé cette idée ingénieuse, et, par une loi des 19 et 29 août 1871, on a forcé l'administration à prendre l'avis de ces conseils dans les cas les plus importants. Seulement, comme ceux des municipalités, ces avis ne lient toujours pas l'administration toute puissante.

En 1887, M. Viette, ministre de l'agriculture, a soumis à la Chambre des députés un projet de loi qui avait pour objet la création d'une commission arbitrale chargée de régler tous les conflits. La Chambre des députés a admis ce système et elle l'a consacré par un vote. Mais la fin de la législature n'a pas laissé au Sénat le temps d'examiner la décision de la première chambre, et le but n'a pas été atteint.

M. Philippon, député, a repris, en 1892, et un peu modifié le projet de M. Viette ; il voulait faire donner à la propriété forestière les caractères de la propriété de droit commun ; intéresser tout particulièrement les communes à cette partie, parfois très importante, de leur patrimoine, et leur permettre d'élever la voix, sinon pour imposer, du moins pour exposer leurs idées et en assurer, dans la mesure du possible, la prise en considération. D'après son système, on nommerait, dans chaque département où croissent des bois ou des forêts, une commission arbitrale comprenant des membres des corps élus et des membres de l'administration. On aurait ainsi une réunion d'hommes compétents en matière forestière ; la solution des questions litigieuses s'obtiendrait plus facilement, et on réaliserait une économie de temps et même d'argent. Pour que l'administration des forêts ne se croie pas tenue de pousser les haut cris, elle aurait dans cette commission un nombre de membres supérieur à celui des autres représentants. D'ailleurs, les décisions de ces nouveaux juges, loin d'être souveraines et en dernier ressort, seraient soumises à l'approbation du ministre de l'agriculture. Et comme parfois, malgré l'intervention des membres des corps élus, les intérêts communaux pourraient encore être lésés, on maintiendrait le recours devant le conseil d'Etat.

Cette réforme est-elle une utopie ?

On l'a fort heureusement opérée non loin de la France. En Italie, où la législation forestière est récente, on a tenu compte aux communes de leur qualité de propriétaires : la loi autorise chacune d'elles à envoyer un de ses représentants, avec voix délibérative, aux assemblées des comités forestiers, qui ne sont que des commissions arbitrales.

Pourquoi ne suivrait-on pas l'exemple de l'Italie ?

Des commissions de ce genre instituées en France auraient à discuter l'utilité des réserves ; elles examineraient la prétention des communes à les supprimer ou à les conserver, sauf, dans ce dernier cas, à les aménager et à les soumettre à des coupes régulières ; au besoin, elles aborderaient aussi la question de savoir s'il y a lieu ou non d'établir des droits spéciaux pour remplacer les ressources que les quarts réservés sont destinés à assurer ; enfin, elles décideraient s'il importe de placer jusqu'à concurrence du quart ce que produit la vente de la coupe d'une forêt, ou s'il vaut mieux faire payer, sous forme de taxes, par tous les habitants de la commune une somme équivalente à la valeur de la réserve disparue.

C'est encore dans ces commissions que les communes participeraient à la nomination des gardes. Elles pourraient y faire accueillir, pour éviter des dépenses trop lourdes pour elles, le vœu de confier au seul garde champêtre qu'elles posséderaient la surveillance de leurs bois peu étendus. On s'entendrait, en vue de ne laisser subsister que les peines disciplinaires, sur l'opportunité de soustraire tous les gardes d'une forêt à la responsabilité pécuniaire, quand elle naîtrait des délits commis dans leurs triages et tardivement constatés.

Aux membres de ces commissions appartiendrait le droit de discuter l'état ainsi que la possibilité de la forêt, soit au point de vue de la quantité d'arbres à abattre, soit au point de vue de la surface de pâturage à abandonner aux possesseurs de troupeaux. La soumission des prés bois à la surveillance administrative ne se ferait plus à l'insu et contre le gré des conseils municipaux. Les difficultés résultant de la distraction d'un terrain du régime forestier s'aplaniraient, pour ainsi dire, d'elles-mêmes. Bref, il y aurait un terme aux excès de surveillance de l'administration ; désormais on aurait des garanties sérieuses contre certains abus de l'autorité. Les communes supporteraient plus facilement l'intervention dans leurs propres affaires d'une administration dont jamais, qu'on ne l'oublie pas, elles n'ont réclamé la suppression, mais dont elles n'ont cessé de signaler les erreurs. Enfin, on sortirait de l'esprit du Code de 1827, qui vise trop à la protection de l'intérêt général.

À ce propos, il est intéressant de noter que, si les lois de 1860 et de 1864, sur le reboisement et le gazonnement des montagnes, ont suivi les vieux errements, en admettant la dépossession des communes sans aucune indemnité, la loi du 4 avril 1882 a déjà fortement réagi contre les anciennes idées, en plaçant les municipalités, pour l'expropriation de leurs terrains, sur le même pied que les particuliers.

§ X. — Conclusion.

En résumé, il ne faut pas oublier qu'il importe d'attacher très étroitement les communes à leurs propriétés forestières, car elles y tiennent aujourd'hui d'autant moins qu'elles auraient plus d'avantage à s'en débarrasser. Le législateur leur cause un véritable préjudice en les forçant à conserver ces richesses sous forme de bois exploitables à des époques fixes et souvent très éloignées les unes des autres. Combien il vaudrait mieux pour elles que leurs municipalités fussent autorisées à aliéner ces immeubles de peu de rapport et à placer en bonnes rentes sur l'État tout le produit de la vente. Leurs revenus doubleraient certainement à la suite de cette opération.

En retour de la privation de jouissance que l'État impose aux habitants des communes, on pourrait concevoir, à la rigueur, le payement d'une indemnité proportionnée aux rendements annuels des forêts. Et cependant personne ne songe à aller jusque-là. A porter aussi loin leur désir de revendication, les communes elles-mêmes paraîtraient trop exiger. On pense en effet généralement que les richesses forestières doivent, avant

tout, être solidement assises, et on accepte volontiers
les raisons d'intérêt général, toujours mises en avant
pour résister au flot de toutes les réclamations. Mais
encore faut-il que le joug de l'autorité administrative ne
se fasse pas trop sentir, et que l'Etat, tout en assurant
la conservation des forêts, laisse aux communes propriétaires la somme de produits qu'elles espèrent légitimement en retirer ; enfin, que le législateur leur per-
mette de prendre part très activement à la gestion de
leurs biens.

Abroger les dispositions actuelles du Code forestier
en ce qu'elles ont de contraire à cet esprit de réforme,
tel est, dit-on, le moyen de concilier tous les intérêts et
de faire taire toutes les oppositions.

SECTION II. — *Réfutation des critiques formulées contre la soumission des bois communaux au régime forestier. Innovations possibles.*

Nous venons de voir les critiques : elles ne sont pas
irréfutables. On a même dû en abandonner quelques-
unes qui ne peuvent plus se produire à présent ; d'autres reposent sur des chiffres douteux ou inexacts, sur
des statistiques mal établies.

Tout d'abord, nous ferons remarquer que les adversaires du Code forestier se sont trop hâtés peut-être de se mettre en campagne, après les erreurs commises — car il y en a — par l'administration. Quant aux réformes qu'ils proposent en faveur des communes dont ils veulent l'émancipation, s'il en est d'admissibles, ou du moins qui paraissent mériter d'être sérieusement examinées et discutées, nous verrons que la plupart des législations étrangères ne sont pas favorables à cette émancipation, qu'elles ne veulent pas restreindre la surveillance administrative, mais qu'elles cherchent, au contraire, à la développer et à la rendre plus active et plus vigilante.

Il s'agit donc de dissiper des illusions dangereuses, qui font considérer comme inutiles, gênantes et même nuisibles, les prescriptions du Code de 1827, en vigueur aujourd'hui encore ; il importe de prouver que, si le domaine forestier laisse beaucoup à désirer sous le rapport de sa prospérité, cela résulte d'autres causes que celles dont nous avons parlé.

§ I. — Intérêt de la marine et reboisement des terrains en montagne.

On convient à présent, dans tous les camps, que la nécessité du régime forestier ne s'explique plus par les besoins de la marine ni par l'urgence du reboisement des montagnes. Le fer s'est de plus en plus substitué au bois dans les constructions navales, et la question de la pesanteur des navires devient chaque jour moins importante, comparée à celle de la résistance. D'un autre côté, les lois de 1859 et de 1882 assurent suffisamment, par les mesures qu'elles imposent en matière de défrichement et de reboisement, la conservation et la protection des terrains en montagne. En ce qui concerne ces catégories d'intérêts, on est donc fondé à dire que l'ordonnance de 1669 et le Code forestier de 1827 ont perdu de leur utilité.

Où les dissentiments se produisent, c'est sur tout ce qui intéresse le développement, la production du domaine forestier appartenant aux communes.

§ II. — Etendue et production des bois communaux.

On ne peut nier, même en dehors des statistiques, l'augmentation vraiment considérable des bois des particuliers. En lui comparant l'accroissement de la richesse forestière des communes, on constate en faveur des premiers une différence extrêmement sensible. Néanmoins, on doit reconnaître le développement régulier, quoique un peu lent, des forêts communales, et repousser en partie les données des statistiques anciennes, auxquelles il faut se fier d'autant moins qu'il s'y trouve des erreurs flagrantes et qu'autrefois les terrains boisés ne se mesuraient ni aussi vite, ni surtout avec autant de précision qu'aujourd'hui. De 1813 à

1825, on n'a pas de chiffres rigoureusement exacts.
La raison en est qu'à cette époque, la science de la
statistique n'existait pas encore, que le cadastre n'était
pas ébauché, et que, par suite, au lieu de résultats
complets et définitifs, il n'y avait que des approxima-
tions. Pour le prouver, nous nous bornerons à rappeler, en passant, le relevé des surfaces occupées par
les forêts domaniales.

En 1813, on attribue à l'Etat un million d'hectares de
bois, et, en 1823, on lui en reconnaît 1.196.112. Or il a
été constaté que, dans l'intervalle de ces deux dates,
on a aliéné 171.000 hectares de forêts domaniales.
N'est-ce point, par suite, une diminution plutôt qu'une
augmentation qui devrait être signalée? S'il s'est glissé
des erreurs dans les documents officiels relatifs aux
forêts de l'Etat, et si aujourd'hui nous connaissons mal
l'importance progressive de ces richesses nationales,
ne peut-on avoir des doutes sur la valeur des statistiques des domaines communaux et particuliers?

Des chiffres invoqués par les adversaires du régime
forestier il ressort que, de 1823 à 1840, les bois des
particuliers ont augmenté de 2.193.000 hectares, et
que, de 1862 à 1882, l'augmentation n'a pas dépassé
190.791 hectares. On pourrait, à la rigueur, attribuer
cet arrêt dans les reboisements à la perte de l'Alsace
et de la Lorraine. Mais n'est-il pas plus vraisemblable
que les plantations ont été plus fréquentes et plus acti-
ves vers la fin du siècle qu'au commencement? La ces-
sation des guerres, le morcellement des héritages par
suite des successions ont dû être, à ce qu'il semble,

autant de causes de cette transformation des propriétés
particulières. Quoi qu'il en soit, il est permis de conclure que les chiffres mis en avant par les réformateurs de notre Code forestier ne se recommandent point
par leur exactitude.

Pour établir les différences notables qu'ils rencon-
trent entre la production des bois communaux et celle
des bois particuliers, nos adversaires nous paraissent
partir encore de données qui ne valent guère mieux que
les précédentes. Ils s'appuient toujours sur les statistiques pour prouver l'infériorité des communes : ce
sont les statistiques qui vont nous servir à les réfuter.

Basant leurs affirmations sur les calculs de la *Société
agricole* de France, ils ne tiennent aucun compte des
statistiques forestières proprement dites. Est-ce parce
qu'ils craignent d'y trouver trop de partialité ? Ce
serait une erreur. Elles sont dressées par des hommes
compétents, et, comme elles diffèrent de celles de la
Société agricole, il semble logique de les comparer à
ces dernières pour en tirer un enseignement utile.

Nous avons vu plus haut qu'on établissait comme
moyenne de production annuelle par hectare la proportion suivante :

2 mètres cubes 882 pour les bois des particuliers ;

2 mètres cubes 058 pour les bois communaux affranchis de toute réglementation ;

1 mètre cube 804 pour les bois communaux assujettis
au régime forestier.

La statistique forestière de 1878 nous apprend, d'une

part, que si la moyenne de la production annuelle par hectare est, pour l'Etat, de trois mètres cubes, quarante décimètres cubes, elle est de deux mètres cubes, six cent quatre-vingt-seize décimètres cubes pour les communes, total bien plus élevé que celui de nos adversaires (1 mètre cube 894).

D'autre part, comme le bois d'œuvre est beaucoup plus cher que le bois de chauffage et rapporte davantage aux communes, on est heureux de trouver que le domaine forestier donne un résultat bien supérieur à celui des particuliers ; que s'il est pour l'Etat de 31 0/0, il atteint 20 0/0 de la production totale pour les établissements publics. Et, chose des plus significatives à noter, des statistiques particulières à certains départements confirment toutes ces données.

C'est ainsi qu'un tableau dressé pour l'exposition de 1880, comparant le domaine forestier communal de la Haute-Marne au domaine des particuliers, affirme comme production : 3 mètres cubes 5 décimètres cubes, par hectare, pour le premier, et 2 mètres cubes, 67 décimètres cubes pour le second.

Faut-il décider que la statistique agricole est erronée ? Nous n'allons pas jusque-là. Au contraire, nous croyons plus logique de dire que ni l'une ni l'autre des deux statistiques ne nous donne l'état réel des choses. Les résultats des calculateurs ne pourraient, à notre avis, jamais se contrebalancer exactement. Rien n'est plus difficile en effet que d'obtenir le revenu foncier moyen et annuel des forêts. La récolte en bois peut ne porter que sur une partie de l'immeuble boisé, par exemple, sur le dixième, le vingtième, etc. En outre, le rendement annuel n'est presque jamais basé sur la possibilité vraie de la forêt.

Le particulier, dans ses exploitations, jouit de la plus grande liberté ; n'étant assujetti à aucune des prescriptions de l'administration forestière, il exploite aussi fréquemment queson intérêt le lui conseille, il dépasse, à son gré, lapossibilité de son bien, de sorte que la production annuelle dont on parle tant, loin de consister dans ce qui est strictement le revenu du fonds, entame évidemment le capital, dont elle absorbe, à chaque coupe, une quote-part plus ou moins importante. Si on additionne les différents produits ainsi obtenus dans une durée déterminée, il est inévitable qu'on arrive à des chiffres imposants de rapports lorsqu'on les rapproche de ceux obtenus par les agents forestiers. De la fréquence des exploitations par les particuliers, de la supériorité des rendements de leurs forêts, il n'y a donc pas lieu de tirer argument contre l'utilité de l'administration pour faire prospérer les bois communaux.

Remarquons, d'ailleurs, que pour faire, au point de vue auquel nous nous plaçons, une comparaison utile et concluante entre les bois communaux et les bois particuliers, il faudrait, autant qu'il est possible, que ces bois fussent placés dans les mêmes conditions de situation et de fertilité. Or, que voyons-nous ? Si les terrains les plus riches des vallées et des plaines sont couverts des richesses feuillues des particuliers, c'est dans le sol des montagnes, pierreux, aride, battu de tous les vents, que languissent et végètent les bois de nombreuses communes. Les contributions directes nous apprennent qu'en 1887, le septième des bois communaux des Alpes et des Pyrénées a donné un revenu inférieur à dix francs par hectare. Enfin, dans un même département, la comparaison est souvent très difficile et inutile, quand, par exemple, les bois des particuliers ont une étendue dix fois plus considérable que celle des bois communaux.

Au surplus, il ne faut pas s'illusionner sur l'extension de la surface boisée appartenant aux particuliers. Au dire de plusieurs auteurs (1), la prospérité du domaine privé est loin d'être aussi brillante qu'on le prétend. Il est presque permis de soutenir que cette *prospérité* n'est qu'une décadence. Eh ! oui, les propriétaires ont une tendance marquée à cesser la culture d'une partie de leurs terres arables, sous prétexte de l'insignifiance du rapport des récoltes. Ces terres, abandonnées à elles-mêmes, ne tardent pas à se couvrir de broussailles et d'arbrisseaux, et les surfaces boisées des particuliers s'augmentent d'autant. Sont-ce là ces bois si spacieux dont on se plaît quelquefois à nous vanter les productions ? Sans aucun doute, si ce délaissement dure quelque vingt ans, les arbrisseaux peuvent devenir des arbres et les arbres constituer des futaies impénétrables ; mais cela prouve-t-il que l'initiative des particuliers est propre à créer des futaies ?

De cette initiative il faut détourner à tout prix les communes. Une autonomie qui produirait de pareils ré-

1. Tassy, *État des forêts en France*, 1888.

sultats ne ferait que compromettre à bref délai les
plus riches domaines. Du reste, les conseils municipaux, dans leur ardeur à défricher, ne tarderaient pas
à supprimer de la surface de la France, comme l'ont
fait les particuliers en quelques années, plus de quatre cent mille hectares de forêts.

On parle volontiers de l'accroissement rapide et presque prodigieux des bois communaux libres de tout contrôle. On oublie une chose, c'est qu'un bois communal
n'est placé sous la sauvegarde de l'administration que
s'il est susceptible d'aménagement. Or les bois qu'on
nous vante ne sont même pas des bois ; ce sont des
terres incultes, des pâturages, parsemés de maigres
bouquets d'arbres. Ces pâturages, on peut les augmenter par l'achat des parcelles voisines qui sont aussi
dans ces conditions de boisement. Mais de là à dire
que, sous l'œil vigilant des municipalités, les bois communaux libres de tout contrôle prennent une extension d'autant plus rapide que jamais les agents de l'Etat
n'y mettent les pieds, il y a loin. Il est certaines localités, paraît-il, où l'abus du pâturage et du pacage
a été tel que les chèvres ne trouvent même plus de
quoi vivre dans ces prétendues forêts vierges (1).

1. Tassy, *Etat des forêts en France.*

§ III. — **De la soumission au régime forestier considérée comme une atteinte au droit de propriété des communes.**

Est-on plus fondé à dire que le régime forestier porte atteinte au droit de propriété des communes? Nous ne le pensons pas. Il nous semble que ce n'est pas sans raison que le Code de 1827 a consacré, en matière forestière, des traditions datant déjà de long-temps, auxquelles personne n'avait jamais voulu toucher, même sous la Révolution, alors que se produisait un courant d'opinion très favorable à l'émancipation des terres. On ne voit pas en effet de parallèle possible entre la propriété forestière et la propriété de droit commun : elles diffèrent essentiellement. Si l'on doit reconnaître, presque sans restriction, aux propriétaires ordinaires le *jus utendi et abutendi*, on ne saurait admettre la même liberté en faveur des communes. Le particulier possesseur d'un domaine qu'il tient de ses ascendants ou qui représente le produit de son travail et de son épargne, ne fait, tout en songeant à ses propres intérêts et à ceux de ses futurs héritiers, qu'œuvre personnelle et, pour ainsi dire, égoïste. Il est le maître absolu de sa richesse forestière ; au gré de ses désirs, il l'accroît ou l'anéantit ; il n'y a pas de limite à sa jouissance.

Et puis la vie humaine est si courte, et les familles

elles-mêmes ont une durée si incertaine ! Le prodigue,
dont les folles profusions ont déjà amoindri l'héritage,
le propriétaire foncier que la spéculation entraîne,
tous ceux enfin à qui l'exploitation des forêts dont ils
peuvent

> Couper l'ombre et vendre le murmure

ne promet pas les revenus qu'ils désirent, sont donc
entièrement libres d'échanger contre de l'or ou des
titres au porteur leur propriété immobilière. Qu'ils usent
de leur droit !

Il n'en est pas de même de ces personnes morales,
des collectivités qu'on désigne sous le nom de communes, et qui, elles aussi, sont des familles, mais des
familles dont l'existence est permanente. Les biens
qu'elles possèdent ont nécessairement une affectation
plus large que ceux des particuliers. Ils appartiennent
aux générations futures tout autant qu'aux générations
présentes. De là cette nécessité absolue de les protéger contre une jouissance abusive, sans toutefois aller
jusqu'à priver les habitants des ressources auxquelles
ils ont droit. De là l'obligation de ne considérer la forêt communale que comme patrimoine d'une *univer-
sitas*, et de n'accorder à l'établissement public qu'un
droit d'usufruit, en y ajoutant cependant l'entière disposition des produits extraordinaires de l'immeuble
grevé de cette servitude. C'est le seul moyen de faci-
liter la transmission des forêts à nos descendants dans
le meilleur état de conservation possible. Autrement, les municipalités, trop portées à satisfaire des

désirs souvent immodérés, compromettraient l'avenir en mangeant le capital en même temps que le revenu.

Cette tendance aux abus a déjà été prévue par la loi municipale du 5 avril 1884, qui a sagement restreint le droit des communes de s'imposer extraordinairement. Pourquoi ne pas la combattre aussi lorsqu'il s'agit des forêts, et ne pas faire administrer les territoires boisés par des agents spéciaux de l'État?

Nous avons vu plus haut quel fâcheux résultat on avait obtenu en laissant jusqu'au XVI⁰ siècle à tous les habitants propriétaires la liberté de gérer cette partie de leur fortune. Supprimer la tutelle du Code de 1827, ce serait courir au-devant des mêmes conséquences, malgré toutes les garanties qu'on pourrait peut-être trouver dans la bonne volonté et dans la compétence des élus municipaux. Rien de trompeur comme les biens forestiers ; on est tenté de les considérer comme des sources inépuisables de revenus, et, en moins d'un siècle de négligence, une exploitation mal comprise et mal dirigée met leur existence en danger pour toujours.

§ IV. — Nécessité de la gestion par les agents de l'Etat.

Quelle est la meilleure gestion ?

Ce serait une erreur de croire que celle du propriétaire est de beaucoup préférable à toute autre. Sans doute, elle est très bonne en théorie, l'opinion des économistes qui, considérant l'intérêt général de la société comme la somme des intérêts individuels, estiment que, pour voir augmenter le bien-être des habitants d'un pays, il faut s'en remettre en toutes choses à l'initiative vigilante des particuliers et à celle des communes. Mais, au point de vue pratique, combien est plus sensée l'opinion de ceux qui ne veulent pas adopter aveuglément tous les procédés employés dans les propriétés privées, même s'ils y réussissent.

Sans la prévoyance, l'initiative n'est rien, surtout en matière forestière ; et c'est la prévoyance qui a toujours manqué aux municipalités, alors que nulle entrave ne les gênait dans l'exploitation de leurs domaines boisés. Rappelons encore qu'ici nous avons deux intérêts en présence, celui des communes, qui cherchent à améliorer leur sort par des rentrées de capitaux de plus en plus abondantes, et celui des générations futures, qui ont un droit aussi étendu, aussi incontestable sur la propriété forestière communale que la génération présente. C'est l'esprit de solidarité qui devrait présider à tous les travaux, à la gestion de ces biens d'une nature si exceptionnelle qu'ils sont destinés à ne jamais appartenir en propre à personne, et cependant cet esprit fait ici défaut. Les nécessités du temps présent aveuglent parfois les communes propriétaires sur les besoins de l'avenir. Il faut donc les arrêter dans la voie de l'erreur, leur imposer la tutelle de l'État. Toutefois, qu'on se garde de tout excès d'autorité ; qu'une sage modération s'impose et qu'aux

principes conservateurs on ne sacrifie pas les droits
les plus inviolables et les plus légitimes.

La tutelle de l'Etat se recommande encore quand on
veut bien considérer l'utilité des forêts. Comment !
les bois sont peut-être, parmi les richesses de la nature,
celle qui satisfait encore à la plus grande somme de besoins, et nous ne prendrions pas, afin de les conserver,
toutes les mesures que la prévoyance commande ! Et
nous savons que de la conservation des forêts dépen-
dent la vitalité de milliers d'industries et la salubrité de
vastes étendues de pays ! Que de raisons à invoquer
contre les défrichements ! Et elles sont toutes bien autrement intéressantes que celles mises en avant au
XVI° siècle, par exemple, dans l'unique intérêt de la
chasse. Ce que nous désirons dans l'intérêt général, on
trouvait, à cette époque, qu'il suffisait de le demander
pour le plaisir des seigneurs féodaux, et, afin de
donner à leurs chasses une plus grande étendue, on
laissait se couvrir d'arbrisseaux les terres peu produc-
tives.

Qu'on songe maintenant à toutes les difficultés qu'il
faut vaincre pour constituer une propriété forestière ;
qu'on ne perde pas de vue qu'il ne suffit pas de dé-
penser beaucoup, qu'il faut encore compter avec le
temps, et souvent un temps très long (une forêt ne se
crée pas en moins de cent ans), et l'on comprendra
sans peine de quelle importance est la mission du service forestier.

On a quelquefois poussé ce cri : l'agriculture manque
de terres. N'est-ce pas exagéré ? Il y a en France près

de 52 millions d'hectares de terres en friche — et pas
des plus arides — qui ne demandent qu'à se couvrir de
moissons. Si cette étendue ne suffit pas à l'activité infa-
tigable de nos cultivateurs, que ne cherche-t-on à mieux
employer les engrais chimiques ? Que ne recourt-on
à la culture intensive ? Avant de toucher aux bois et
d'en supprimer une partie, que l'on songe bien que la
houille s'épuise de jour en jour, que le mineur est
obligé — au prix de quels dangers et de quelles fati-
gues — d'aller l'arracher des entrailles de la terre à
de très grandes profondeurs, et qu'on n'a pas encore
réussi à utiliser l'électricité et le pétrole comme
moyens de chauffage pratiques et peu coûteux. N'est-
il pas urgent de préparer dès maintenant d'immenses
provisions de bois ?

C'est donc à l'État qu'incombe l'obligation de protéger les forêts des communes.

Les terres cultivées et les valeurs mobilières qui
appartiennent aux municipalités font déjà l'objet
d'une surveillance spéciale. Comme le dit M. Tassy,
dans son ouvrage sur l'avenir des forêts en
France, pourquoi ferait-on une condition à part
au domaine forestier ? N'est-ce pas ici, au contraire, que l'intervention de l'autorité supérieure est
indispensable ? S'il suffit en effet, en ce qui concerne
les autres biens communaux, que le contrôle de l'État
prévienne les aliénations et l'emploi de leurs produits
à des besoins passagers, la question en ce qui touche
aux forêts est beaucoup plus complexe, car le capital
producteur du revenu se compose de deux éléments,
du fonds et de la superficie. Le fonds est tangible ; ses

transformations échappent difficilement à l'attention, au lieu que la superficie ligneuse, qui constitue le capital d'appel sur lequel vient, chaque année, se déposer la possibilité, c'est-à-dire la récolte annuelle, peut être facilement détournée de son affectation économique.

§ V. — Méthode suivie par les agents de l'administration forestière.

Que n'a-t-on pas fait, en dépit de tous ces arguments, pour renverser l'administration forestière ? On n'a même pas hésité à proclamer l'ignorance de ses agents, leur inaptitude à dresser des aménagements sérieux, à employer des méthodes de culture et d'exploitation logiques. Avec quel lyrisme n'a-t-on pas mené campagne contre les quarts en réserve ! Avec quel largesse on a distribué les éloges aux particuliers pour les brillants résultats de leur gestion !

A des adversaires acharnés, il n'y a pas seulement à répondre qu'une véritable science forestière, à laquelle se sont dévoués des hommes éminents, existe depuis des siècles ; qu'elle a pris en Allemagne et en France, où elle a été le plus fouillée et étendue, une importance considérable. On ne peut pas se contenter d'avancer qu'il est inadmissible que les grands talents qui s'en sont occupés n'aient pas réussi à constituer un ensemble de principes positifs, invariables, certains, en matière de sylviculture et d'aménagements ; que des écoles spéciales, pépinières de jeunes forestiers appelés à mettre en pratique les divers enseignements auxquels ils ont consacré des études longues et difficiles, ne sont jamais sortis que des hommes inhabiles au point de verser continuellement dans les erreurs les plus grossières. Il s'agit d'examiner d'un peu près les éléments de la gestion des forêts pour en exposer les difficultés et en montrer, à côté des lacunes qu'elle présente encore, les avantages inappréciables.

Nous aurons, chemin faisant, plus d'une occasion de revenir sur l'opinion, trop hasardée, de ceux qui préconisent la manière de faire des particuliers, et on se convaincra de nouveau de l'inopportunité de son adoption.

Le meilleur moyen de bien traiter une forêt est de lui assurer un bon aménagement, c'est-à-dire de régler son exploitation de façon que son rapport annuel soit aussi soutenu et aussi avantageux que possible. Il faut en outre s'attacher au peuplement, en d'autres termes, à la culture du fonds boisé. C'est grâce à une culture intelligente qu'on parvient à activer et à améliorer la production.

On le voit, il y a là deux ordres de travaux tout à fait différents, avec des buts absolument distincts : d'un côté, nous avons l'utilisation de la forêt, de l'autre, sa fécondation. Mais si spéciaux qu'ils soient, ces deux points de vue sont si étroitement unis l'un à l'autre, ils se complètent si intimement, qu'on peut sans crainte mêler dans l'exposition les nombreux principes qui s'y rapportent.

Il y a, pour opérer l'aménagement, une marche logique que suivent invariablement nos forestiers.

Renseignés tout d'abord par les statistiques et les plans sur les éléments de la forêt qui leur est confiée, sur son étendue, sur la configuration du territoire qu'elle couvre, sur les débouchés qui lui sont ouverts, ils notent avec le plus grand soin l'âge des bois, la nature des essences qui les composent, ils s'intéressent à l'état de la végétation, à la fertilité du sol, à sa cohésion, à son aptitude au dessèchement, à son exposition et à sa situation. Munis de ces indispensables notions, ils procèdent au parcellaire, partie la plus délicate de leur mission. Ils divisent la forêt en autant de parties homogènes que le permettent l'âge et l'essence des arbres qu'ils ont à surveiller dans leur croissance, pour parvenir à les soumettre respectivement, en temps et heure, au mode de traitement qui leur convient.

C'est de ce mode de traitement, que dépend l'avenir d'une forêt. Car, si on réussit à établir une gamme des plus variées dans les diverses manières de se comporter à l'égard des cantons obtenus après un travail consciencieux, on aide la nature et on prévient nombre des accidents et autres causes de décadence auxquels sont exposés les territoires boisés.

Il est facile de constater dès maintenant qu'ils s'avancent bien imprudemment, ceux qui prétendent que les agents forestiers ne s'occupent jamais de distinguer les terrains et les régions pour leur appliquer des méthodes de culture différentes.

L'exploitation impose à l'administration l'établissement d'un plan des divers lots ou cantons de la forêt, où les coupes devront se pratiquer annuellement et à tour de rôle sur des arbres en pleine valeur, de manière que, périodiquement, par exemple tous les vingt ans, la cognée vienne transformer le même canton. La fixation de l'âge d'exploitabilité, c'est-à-dire de l'âge où l'arbre est capable de procurer le plus d'utilité possible, est d'une importance si capitale que, sans elle, on n'atteindrait jamais au rapport de la forêt le plus avantageux et le plus normal. C'est ce qu'on entend, sous une autre expression, par la révolution. La révolution est le temps indispensable pour que l'on puisse régénérer une forêt par une série de coupes renouvelables dans les mêmes conditions.

On discute sur la durée des révolutions et on critique, à cette occasion, la durée choisie par l'administration forestière. Pour faire apprécier la valeur des courtes révolutions et établir leur supériorité, on démontre que ce sont celles qu'adoptent les particuliers. Quel parti prendre ? L'exemple des particuliers ne tire nullement à conséquence. S'ils exploitent à des intervalles très rapprochés, qu'on ne croie pas que c'est dans l'intérêt bien entendu de leurs forêts. N'y sont-ils pas déterminés en effet par les besoins multiples de la vie, par sa courte durée, qui fait rechercher une jouissance plus rapide et souvent désordonnée, et surtout par un manque constant de prévoyance ? N'oublions pas d'ailleurs que notre Code civil, par le morcellement des héritages qu'il prescrit entre les héritiers, n'engage pas à exploiter à de longs intervalles.

En théorie et en pratique, c'est donc la question de l'utilité des futaies et des taillis qui se pose.

Si l'État possède une partie de ses forêts en taillis, qu'il laisse grandir pendant une trentaine d'années environ, il cultive, avant tout, la futaie, qu'il conserve sur pied jusqu'à cent vingt ans au minimum. Les communes exploitent beaucoup en taillis, et ce n'est qu'à grand peine que l'administration forestière parvient à soustraire quelques futaies à l'appétit des municipalités. Sur tout ce qui regarde l'État, les adversaires du régime actuel ne font aucune critique, cela se comprend ; mais lorsque sont en cause les municipalités, c'est avec un ensemble soutenu qu'ils condamnent la futaie. Au point de vue forestier, le sujet ne manque pas d'intérêt ; au point de vue des communes, il a aussi son importance.

On va, du reste, en juger.

La futaie améliore le sol, en permettant à l'humus de se former sous l'influence de l'humidité, de la chaleur, de l'ombre et d'un air calme. Elle favorise la régénération et la végétation en protégeant les jeunes pousses contre les intempéries du climat. Le taillis, au contraire, détériore le fonds en peu d'années ; les vents et les gelées produisent des dégradations considérables, à tel point qu'ils ont nécessité en France, dans un grand nombre de régions, la culture de pins sylvestres dans des terrains que les chênes couvraient autrefois de leur ombre séculaire.

En outre, le taillis ne va pas sans une réserve de baliveaux disséminés et isolés. Or il n'y a rien de plus mauvais pour un arbre que l'isolement : par suite du manque d'abri, il se couvre de bourgeons, qui épuisent la sève ; il est ataqué de toutes parts par le froid ; il faut nécessairemet le tailler de temps à autre, et le chêne ne souffre pas l'élagage. D'ailleurs, si le taillis ne sert en rien aux baliveaux, les baliveaux nuisent au taillis, en ce que, par l'extension de leurs branches, ils interceptent la lumière et empêchent le développement de la jeunesse dans une certaine zone autour d'eux.

Comme l'utilité des arbres est proportionnelle à leur dimension, l'avantage appartient sans conteste à la futaie.

Au point de vue de la quantité, si l'on s'en rapporte à l'opinion traditionnelle, confirmée du reste par des statistiques, que la futaie rapporte plus que le taillis, nous conclurons forcément de la même façon que précédemment.

A ces considérations nous ajoutons que, dans les futaies, les produits accessoires, notamment le pâturage, sont bien plus importants que dans les taillis.

Nous répétons, enfin, que la présence des grands arbres influe plus sérieusement que les taillis sur les conditions climatériques du pays.

Et nous arrivons à décider que les particuliers ont tort d'exploiter la grande majorité de leurs bois en taillis ; que non-seulement ils se nuisent à eux-mêmes, mais qu'en outre ils travaillent contrairement aux intérêts du pays en général.

Dès lors, doit-on préconiser la futaie pour les communes ?

Il ne faut pas oublier que l'Etat, dont la vie est durable, dont les ressources sont illimitées, n'a pas nécessairement besoin de faire le commerce des bois

comme tout autre propriétaire ; qu'il peut facilement
attendre pendant longtemps le produit de ses forêts.
Pour lui le traitement par la futaie est en conséquence
le plus recommandable. Quant aux communes, leur imposer la culture exclusive de la futaie, ce serait infailliblement les restreindre dans leur jouissance actuelle et
porter une atteinte réelle à leurs intérêts. Mais, puisque les grands arbres procurent tant d'avantages, nous
croyons fermement qu'il n'y a aucune objection à élever contre la futaie que maintient l'administration dans
le domaine forestier communal, et que ce serait commettre une erreur irréparable de convertir en taillis.
comme on l'a demandé, toutes les forêts des communes.

On conçoit, dès maintenant, la complication de l'aménagement. On se rend compte du nombre des obstacles à surmonter pour parvenir à empêcher de manger
le capital avec le revenu. Qu'on tâtonne quelquefois,
qu'on frise l'erreur, qu'on aille même jusqu'à la commettre, sauf à la corriger aussitôt reconnue, on peut certes l'excuser. Bien plus simple est le travail du propriétaire particulier. Ses bois ont en général peu d'étendue. Qu'est-ce que mettre en ordre, dans un but déterminé, une superficie de quelques hectares auprès des
surfaces de cent mille hectares et plus qui appartiennent aux communes ? Le particulier a surtout à envisager le produit le plus avantageux pour sa caisse, et
il n'est pas tenu de s'inquiéter du lendemain. La commune voudrait bien, elle aussi, se trouver dans cette
situation ; mais il faut qu'elle proportionne ses désirs

aux exigences de l'avenir, à la nécessité de conserver un domaine forestier propre à alimenter ses futurs habitants. Elle est forcée d'accepter toutes les mesures qui ont pour but d'assurer, entre les générations successives, des distributions aussi égales que possible des revenus de ses bois.

De là toutes les règles contenues dans le Code forestier.

Consciencieusement appliquées, elles produisent de bons résultats. Et, cependant, il est bien difficile de ne pas reconnaître qu'en dépit de tous les efforts, les deux millions d'hectares du domaine boisé communal ne donnent pas en revenus tout ce qu'on est en droit d'en attendre.

On objecte les quarts en réserve.

§ VI. — Des quarts en réserve.

Les quarts en réserve sont prévus par la loi, et, en les maintenant, l'administration est dans son droit, elle accomplit son devoir. Ne sont-ce, comme on le soutient, que des pépinières de beaux arbres destinés au dépérissement et à la mort? Des agents forestiers ont peut-être cédé parfois à un désir effréné de conservation ; mais aujourd'hui les dispositions du Code de 1827 sont, depuis bien longtemps, tombées en désuétude.

Sur les sollicitations empressées des communes, pour

des motifs plus ou moins urgents, l'autorité administrative autorise presque toujours l'exploitation des réserves. On peut même dire, ou peu s'en faut, que l'usage
est actuellement de soumettre les quarts en réserve
aux mêmes coupes que le reste de la forêt. La seule
différence qui subsiste, c'est que le produit n'en est pas
partagé en nature entre les habitants, comme celui des
coupes affouagères. Ainsi tombe donc une des plus
terribles critiques des réformateurs contre la gestion
administrative.

Quoi qu'il en soit, nous admettons que, si telle est la
pratique suivie généralement par les agents forestiers,
le principe de la conservation des réserves, pour parer à des accidents imprévus, est mauvais en lui-même.
Ce qui tend à nous confirmer dans cette opinion, c'est
qu'avant le projet de M. Viette, l'administration des
forêts avait déjà, en 1887, proposé elle-même quelque
chose d'analogue à ce qui, plus tard, a été repris par
le ministre de l'agriculture.

Nous maintenons, certes, que les causes qui ont donné
lieu à la nécessité des quarts en réserve subsistent toujours avec toute leur importance (1). Mais, pour faire taire

1. Nous n'oublions pas toutefois, que les coupes extraordinaires, pratiquées dans les quarts en réserve, ont permis à
nombre de communes, sur notre frontière de l'Est, de rembourser rapidement les emprunts que les invasions les avaient
forcées de contracter. Sur les Alpes, des communes, qui auraient été heureuses de trouver les mêmes ressources, su-
bissent encore aujourd'hui les conséquences d'invasions qui
remontent à près de deux siècles, et le jour n'est pas proche
où elles pourront s'exonérer des lourdes charges qui les ac-
cablent.

les critiques, pour supprimer cette anomalie de soustraire une partie de forêt à un aménagement régulier et d'établir des réserves dans les forêts ordinaires sans qu'on procède de la même façon à l'égard de celles qui se composent d'essences résineuses, enfin, pour éviter en réalité des pertes d'argent, nous sommes d'avis qu'il serait bon de constituer une autre caisse de secours, un autre stock de ressources, en faveur des communes.

On pourrait, par exemple, consacrer les coupes régulières de ces réserves à l'achat de titres de rentes, à la formation d'un capital productif d'un revenu destiné à s'augmenter sans cesse, ou bien prélever sur l'ensemble des coupes de toute la surface boisée, quarts compris, une quote-part du produit annuel des ventes. On pourrait encore faire payer aux affouagistes un supplément de taxe affouagère.

Nous préférerions toutefois ce dernier parti; car, avec le premier, comme avec le second, on enlèverait à la population usufruitière la jouissance de produits forestiers en lui en refusant la distribution en nature. Or, il peut y avoir avantage évident, pour certaines collectivités d'habitants, à percevoir une quantité de bois précisément proportionnelle à la somme de leurs besoins.

§ VII. — **Du pâturage.**

Suivant nous, il est une source de dangers bien autrement importante à tarir et dont la loi ne s'occupe pas suffisamment. Les adversaires du Code de 1827 se gardent bien d'y faire allusion. Nous voulons parler du pâturage.

Certaines communes ont, nous le reconnaissons, absolument besoin de faire pénétrer leurs troupeaux dans leurs forêts, soit que l'élevage du bétail constitue la seule richesse du pays, soit que les terres arables ne puissent fournir une nourriture assez abondante. Mais les abus se multiplient d'autant plus rapidement que le profit qu'ils procurent est plus considérable. Il y a eu des abus, il y en a encore tous les jours. Le Code forestier et l'ordonnance réglementaire renferment bien des dispositions, parfois assez énergiques, pour en assurer la répression ; mais les précautions prises sont incomplètes.

Les textes ont le tort de considérer le pâturage comme quelque chose de secondaire, de ne le ranger que parmi les produits accessoires de la forêt. Il faudrait un ensemble de règles précises, dont s'armerait cette administration forestière, si terrible, au dire de ses détracteurs, qu'elle a, dans maintes localités, peut-être compromis nombre de cantons boisés, en cédant aux pressantes sollicitations de communes malheureuses.

Il est de principe que l'étendue et la richesse d'une forêt sont en raison inverse des pratiques agricoles et pastorales plus ou moins extensives de la région. Il est reconnu que les peuples pasteurs suppriment les forêts par la dent et par le piétinement des troupeaux. L'Italie, la Grèce, les Alpes françaises, ont eu leurs forêts

ruinées de cette façon. La Suisse allait subir le même
sort, si, par une intelligente réforme, elle n'avait à temps
conjuré le péril.

Nous disions tout à l'heure que l'élevage du bétail est
de toute nécessité dans un pays qui ne connaît pas
d'autre ressource. Loin de nous l'idée de réformer cet
état de choses. Nous ajoutons seulement que la ruine
des forêts provient de la nature des troupeaux qu'on
répand dans toute la contrée. Le mouton et la chèvre
sont les deux pires ennemis de l'arbre et surtout de
l'arbuste. Il n'en est pas de même du bœuf, de la vache
et du cheval. La Suisse a justement substitué dans ses
troupeaux la race bovine à la race ovine. N'y a-t-il pas
là des problèmes intéressants au premier chef, que
pourraient se proposer les représentants de la science
agricole ?

Il nous semble qu'il serait possible de trouver les
moyens de concilier la culture si indispensable de
l'arbre avec l'élevage non moins indispensable du bétail. Ce n'est pas toutefois, croyons-nous, en permettant
aux communes de gérer à leur gré leurs propriétés
boisées qu'on arriverait à un tel résultat.

§ VIII. — Délimitation et bornage.

On devrait procéder sans retard à la délimitation et au
bornage de ceux des bois communaux qui n'ont pas été
l'objet de ces mesures de précaution. Ils sont en assez
grand nombre.

§ IX. — Abus des menus produits.

Mettre un terme à l'abus des menus produits, restreindre, par exemple, le droit des communes à autoriser l'enlèvement des feuilles et des faînes, ce serait créer autant d'obstacles à l'appauvrissement du sol.

Pour relever la valeur du produit des coupes, il faudrait — mais ce serait difficile — soustraire à la distribution affouagère la plus grande quantité de bois possible. La répartition en nature entre les habitants diminue en effet cette valeur dans une large proportion, et l'empêche de soutenir une comparaison favorable avec celle des produits des forêts particulières.

§X. — Routes à créer dans les bois des communes.

Les conditions d'exploitation d'un bois sont d'autant plus avantageuses que des routes nombreuses le traversent, permettent d'opérer la vidange des coupes sans nuire aux cantons non exploités. Or, si les forêts de l'Etat — quoique moins étendues que les forêts communales — sont, sous ce rapport, à peu près à l'abri de toute critique, les forêts communales se trouvent, au contraire, dans une situation particulièrement fâcheuse. Il est évident que les caisses municipales ne sont pas généralement assez garnies pour faire face à toutes les dépenses extraordinaires qui se présentent, mais ne serait-ce point le cas de solliciter ou de réclamer le concours de l'État ?

§ XI. — **Amélioration du service de surveillance.**

Le service de surveillance, qui ne laisse pas de fonctionner déjà avec une certaine activité, — on s'en rend facilement compte par le nombre des délits constatés par les préposés forestiers, poursuivis et réprimés grâce à eux, — a peut-être besoin aussi d'une amélioration.

Il est de principe que le travail est en raison directe du produit qu'il procure. Si l'on jette les yeux sur les traitements accordés aux gardes, déduction faite de tous les avantages en nature qui les accompagnent, il est de fait qu'il est presque dérisoire de faire remplir pour si peu une mission aussi pénible que celle de ces intéressants fonctionnaires. Une augmentation des salaires provoquerait un accroissement de surveillance, et l'on serait dès lors excusable de se montrer plus difficile sous le rapport de la recherche et de la constatation des délits.

Mais il conviendrait, suivant nous, de ne pas imposer tout le fardeau des salaires aux communes. L'Etat, intéressé au bien-être général, ne pourrait-il contribuer, lui aussi, à l'amélioration du sort de ces modestes serviteurs ?

§ XII. — Intervention de l'Etat dans la transformation des aménagements.

Où son intervention pécuniaire ne serait pas moins nécessaire, c'est dans la transformation du mode de culture des forêts communales. Au lieu de laisser ajourner indéfiniment, faute d'argent dans les caisses des communes, les repeuplements et les ensemencements, l'Etat prendrait à sa charge la totalité des dépenses, sauf à s'indemniser ensuite par des prélèvements successifs sur le produit des coupes ou sur l'amodiation des pâturages.

Dans cet ordre d'idées, peut-être n'est-il pas déplacé de répéter, avec quelques auteurs, que la loi du 4 avril 1882 a fait un peu fausse route, en autorisant les communes à assumer des dépenses souvent trop lourdes pour elles, en leur faisant promettre d'exécuter elles-mêmes, sous le contrôle de l'administration forestière, les travaux prévus par le législateur. On s'est, ce semble, par trop illusionné sur leur puissance pécuniaire, car leurs efforts n'ont pas suffi pour mener à bonne fin ces entreprises de première importance. Les moyens d'action de l'Etat étaient seuls capables de triompher de toutes les difficultés et de faire ainsi atteindre le but qu'on s'était proposé. Que sert donc d'avoir des forestiers intelligents, si les trop modiques capitaux mis à leur disposition ne leur laissent pas la possibilité de tirer avantageusement parti de leurs connaissances techniques? Leur refuser des ressources, c'est couper les ailes à leurs meilleures intentions.

Et on viendra les accuser d'ignorance et d'inexpérience !

§ XIII. — Mainmise de l'Etat sur tous les bois communaux.

On a parlé d'étendre les attributions de l'administration forestière, de lui assurer, en vue d'une meilleure gestion, une mainmise beaucoup plus large sur les bois communaux.

De là à conseiller l'achat de tous ces bois par l'Etat, pour les assimiler entièrement aux forêts nationales, il n'y avait qu'un pas : des réformateurs n'ont pas hésité à le faire. L'Etat, suivant eux, assurerait aux communes un droit de pâturage en rapport avec leurs besoins, une rente sur le Grand Livre à peu près égale à la valeur moyenne des coupes, plus une distribution affouagère aux habitants de certaines localités. Il trouverait peut-être, au début, cette opération très onéreuse, mais, grâce à des exploitations mieux dirigées, il ne tarderait pas à retirer de ses nouvelles propriétés de sérieux avantages : les bois communaux produiraient des plus-values certaines, qui l'indemniseraient rapidement des sacrifices qu'il se serait imposés.

Ce projet peut paraître ingénieux ; il n'est guère réalisable. Il serait assez difficile en effet de déterminer le gouvernement à proposer aux Chambres les dépenses nécessaires, quand déjà l'équilibre du budget s'établit avec tant de peine, chaque année. Et puis les bois communaux appartiennent depuis si longtemps à ces collectivités qu'on appelle les communes : les leur enlever par l'expropriation ne serait pas chose facile aujourd'hui. Nous n'avons pas bien assise dans l'esprit la notion de l'État maître de tout dans l'intérêt général.

Les communes, d'ailleurs, ne sont-elles pas personnes morales ? Ne ressemblent-elles pas, sous ce rapport, à l'État lui-même et ne sont-elles pas, comme lui, aptes à posséder ? Elles ont d'autres biens que leurs forêts : doit-on leur laisser les uns et s'emparer des autres ? Que les forêts soient une propriété d'une nature exceptionnelle, qui exige une gestion, une administration spéciale, nous l'avons déclaré en commençant ; mais si nous faisons cette concession, qu'il existe des bois dont le rachat par l'État pourrait être désiré non seulement parce qu'ils sont d'une utilité absolue, mais encore parce que les communes n'en peuvent faire l'exploitation d'une manière régulière, le rapport étant insignifiant comparé aux dépenses, que peut-on, que doit-on décider pour les autres ?

Au point de vue du droit, leur maintien, dans le patrimoine des communes propriétaires, peut se concilier, ce semble, avec leur soumission à la surveillance de l'administration forestière.

Il s'agit, du reste, non pas de déposséder les communes, mais de les intéresser davantage à leurs bois par des revenus plus sûrs et aussi plus importants que ceux d'aujourd'hui.

§ XIV. — Modifications à apporter au service des aménagements.

Peut-être y parviendrait-on en opérant les réformes que nous avons déjà indiquées et en y ajoutant des modifications dans le service actuel des aménagements.

Nous n'avons, quant à présent, rien de bien précis sur l'art d'aménager les forêts. Les principes qui s'imposent, les attributions nettement définies des opérateurs, la sûreté dans la direction des travaux, font encore un peu défaut. Ce qu'on paraît affectionner, ce sont les expériences ; elles sont utiles sans doute, mais jusqu'ici il n'en est guère sorti de théories à l'abri de toute critique. Nos textes de lois sont muets sur la règle de conduite qu'il faut suivre. Aussi est-ce une question qui passe pour importante et qui a déjà été agitée, que celle de savoir s'il n'y a pas à dresser un programme détaillé et précis des travaux à exécuter. On pourrait certainement indiquer des règles générales à appliquer ; mais il serait bien dangereux d'assujettir à des principes uniformes tous les cas particuliers à envisager suivant les conditions climatologiques des régions, la fertilité des sols, leur faculté de produire telles essences d'arbres de préférence à telles autres. On concevrait bien, sous l'autorité d'une commission supérieure d'aménagement, d'autres commissions pour ainsi dire locales, constituées dans chaque région caractérisée par certaines conditions de milieu, de climat, de topographie, par certaines nécessités industrielles ou commerciales. Et loin d'être temporaires, comme l'est aujourd'hui la commission unique d'aménagement, on ne tarderait pas à en saisir les heureux résultats, si ces commissions étaient permanentes. Ce serait un excellent moyen de sortir d'embarras en matière d'aménagement.

Il n'en est pas en effet de l'aménagement d'une forêt, dit M. Tassy, comme d'un édifice qui, une fois construit, n'a plus besoin que d'insignifiantes réparations. M. Cotta, l'un des plus célèbres forestiers allemands, déclare qu'un aménagement nécessite des révisions fréquentes, des rectifications incessantes dans le plan d'exploitation. Un personnel permanent présenterait l'avantage de pouvoir suivre pas à pas les expériences tentées, en notant successivement toutes les observations utiles aux progrès de la science forestière.

Par la combinaison de toutes ces améliorations, on ferait naître la confiance dans l'administration forestière, on la rendrait plus populaire qu'elle ne l'est de nos jours. Et chacun finirait peut-être par se convaincre qu'elle est parfois forcée d'adopter une ligne de conduite en opposition avec les intérêts des communes.

Les esprits éclairés s'habitueraient à l'idée que l'administration agit avec d'autant plus d'impartialité qu'elle ne retire de sa gestion aucun bénéfice pour ses agents.

§ XV. — Immixtion des conseils municipaux dans la gestion des bois communaux.

Reste à examiner la question d'immixtion des représentants des communes propriétaires dans la gestion des bois soumis au régime forestier.

C'est là l'objet de toutes les propositions de lois déposées sur le bureau de la Chambre des députés depuis 1870 jusqu'à 1892.

Partant de cette idée que tout propriétaire a le droit d'être consulté lorsqu'il s'agit des transformations à faire subir à ses immeubles, les communes et les auteurs qui prétendent les défendre déclarent qu'ils n'entendent pas que l'administration, avant d'entreprendre des travaux importants, se contente d'en avertir les intéressés et de leur demander des avis dont la loi ne lui fait pas un devoir de tenir compte.

Ils n'admettent pas que les conflits qui s'élèvent entre les communes et l'autorité administrative soient en définitive jugés par l'administration elle-même, comme cela se pratique aujourd'hui.

Ils ne demandent pas que les forêts soient soustraites à la surveillance des agents de l'État, que les différends ne soient tranchés que par les municipalités ; car ce serait bouleverser des traditions dont l'intérêt général exige toujours le maintien, ce serait en outre rétablir dans un autre sens les abus qu'ils combattent.

Ils réclament la consultation sérieuse des conseils municipaux sur toutes les questions intéressant l'aménagement, l'exploitation, les coupes, la création, la restriction et l'extinction des usages, la soumission au régime forestier. Sans l'avis conforme de ces corps élus, les agents administratifs se trouveraient désormais dans l'incapacité de faire quoi que ce soit.

Les différends seraient réglés par une commission arbitrale présidée par le préfet, et composée du conservateur des forêts, du trésorier-payeur général, de deux membres de l'administration des forêts, et de deux membres du conseil général.

Ces prétentions sont-elles fondées?

L'opération importante de l'aménagement nécessite, nous l'avons vu, l'intervention du chef de l'État, qui par un décret, crée un aménagement ou se borne à modifier un aménagement ancien. Désormais le chef de l'État serait laissé à l'écart, son autorité serait méconnue ; les municipalités s'occuperaient de ce qui jusqu'ici leur avait été refusé dans l'intérêt même de la société. N'y aurait-il pas là une abrogation illégale de décrets, quelque chose de contraire à la constitution?

Cette réforme favoriserait, dit-on, les reboisements. Est-ce certain ? Les communes ne chercheront jamais de gaieté de cœur à assumer des charges pécuniaires trop lourdes pour leurs budgets. Nous avons vu que leur ardeur à boiser ne vient pas de la façon dont elles traitent leurs bois ou leurs prétendus bois libres de toute entrave. En 1860, en Savoie, une grande partie des forêts communales a été abandonné à la gestion exclusive des municipalités. Qu'en est-il résulté ? Que ces forêts sont presque toutes perdues, et que celles qui sont restées sous la garde des agents de l'État subsistent seules aujourd'hui.

C'est la ruine que la mesure appliquée à la Savoie déterminerait partout, si elle se généralisait, et si, par suite, les conseillers municipaux, excusables après tout de n'être pas des forestiers de premier ordre, devenaient les arbitres souverains, les maîtres de la destinée des forêts appartenant aux communes.

Au point de vue de l'extension du domaine boisé placé sous le contrôle de l'administration, nous savons que toute soumission d'un pré bois au régime du Code de 1827 exige, comme conséquence du caractère d'utilité publique qu'on lui reconnaît, un décret du chef de l'État. On a craint sans doute qu'en donnant ici compétence exclusive au ministre de l'agriculture, on ne facilitât dans une trop large mesure la distraction des bois du régime forestier. Avec la réforme projetée, les conseils municipaux seraient bien souvent les maîtres de la situation. Or — pour ne citer qu'une conséquence de cette nouvelle législation — dans les pays de montagnes où l'État a entrepris soit seul, soit avec le concours des communes, des travaux dispendieux pour la restauration des terrains dégradés par les abus de pâturage, n'assisterait-on pas à un travail analogue à celui de la toile de Pénélope, s'il appartenait aux conseils municipaux de décider que tel ou tel territoire resterait soumis ou non au régime forestier?

Plutôt que les reboisements, ne serait-ce pas, avant tout les pâturages que favoriserait le nouvel état de choses? On sait que, pour les communes, comme pour les particuliers, les richesses immédiatement réalisables ont un attrait irrésistible. Combien nombreuses se presseraient les sollicitations ! Et il y aurait chance de voir triompher les habitants, moins désireux de s'intéresser à l'avenir qu'à l'amélioration de leur sort présent, malgré toutes les défenses des articles 110 et suivants du Code de 1827 sur l'introduction des bestiaux dans les cantons en défens.

Quant à la commission arbitrale, croit-on tirer sa compétence de sa composition? Cette commission ne serait-elle pas quelquefois exposée au danger de délaisser les forêts pour éviter de blesser certains intérêts politiques? S'il est une chose qu'il faut bannir, avant tout, de quelques services administratifs, principalement du service forestier, c'est à coup sûr la politique. La politique ne saurait que nuire à l'indépendance d'agents qui ont besoin d'être seuls pour sortir avec succès d'entreprises difficiles. Nous irions presque jusqu'à critiquer l'intervention en ces matières du préfet et des conseillers généraux, bien qu'elle soit autorisée par la loi d'août 1871. Mieux vaudrait, suivant nous, laisser sous la dépendance exclusive du ministre les chefs de services qui relèvent directement de lui.

Dans la commission arbitrale, telle qu'on la conçoit,

il y aurait, ce semble, deux ordres d'intérêts très différents et qui feraient prendre parfois à leurs partisans des décisions diamé'ralement opposées. Si le conservateur et les agents des forêts se déterminaient d'après les intérêts forestiers, les conseillers généraux régleraient leur opinion sur celle de leurs électeurs. Quant au préfet et au trésorier-payeur général leur situation deviendrait délicate lorsqu'ils seraient en présence de questions embarrassantes comme celle, par exemple, de la possibilité des forêts.

Est-il si exact de dire qu'aujourd'hui les municipalités sont à la discrétion de l'autorité administrative? Les consultations des conseils municipaux ne sont pas si dénuées d'utilité qu'on cherche à nous le faire croire. Une circulaire ministérielle autorise d'ailleurs les maires à assister au balivage et au martelage des coupes. Les avis des conseils généraux, prévus par la loi du 10 août 1871, article 50, exercent une influence certaine sur les décisions des agents forestiers. Enfin, et surtout, toutes les questions de gestion, depuis les aménagements jusqu'aux délivrances de produits, passent sous les yeux des préfets, qui ne donnent leurs avis personnels qu'après avoir, de leur côté, examiné les revendications municipales. S'il est des fonctionnaires qui puissent être écoutés par le ministre de l'agriculture, il faut avouer que ce sont bien ceux-là. Grâce à eux, les réclamations des intéressés sont toujours sérieusement étudiées.

La législation actuelle résiste donc à la plupart des attaques qu'on ne cesse de diriger contre elle.

A la suite de l'effacement de l'administration fores-

tière, il est presque certain que les délits augmente-
raient dans de notables proportions.

Est-ce dans cette prévision qu'on réclame parfois
l'introduction du principe des circonstances atténuantes
dans le Code forestier? D'aucuns proposent l'application, dans notre matière, de l'article 463 du Code pénal; mais ils oublient sans doute qu'ils anéantiraient
l'importance de la transaction, dont les avantages sont
cependant très appréciés.

Est-ce dans cette prévision également que l'on demande la substitution du garde champêtre communal
aux préposés forestiers pour les bois de peu d'étendue? Nos adversaires ont tort toutefois d'appeler notre
attention sur ce point, car il y a longtemps que cette
substitution a été opérée.

§ XVI. — Conclusion.

En résumé, avec le maintien du Code de 1827, on ne
saurait utilement faire intervenir les conseils municipaux dans l'administration de leurs forêts, sauf dans
les cas où par leurs décisions, affirmatives ou néga-
tives, ils ne pourraient exercer sur la conservation de
leur domaine boisé aucune influence néfaste.

Laisser les forêts communales à la discrétion des
conseils municipaux, ce serait, dit M. Tassy, les sacrifier sans retour. Alors même qu'ils le voudraient, ils ne

parviendraient pas à les protéger constamment contre l'individualisme, puisque le gouvernement central, avec son autorité, n'y réussit pas lui-même.

Cependant il importe, pour dissoudre les animosités, de savoir faire parfois des concessions. Aussi proposons-nous, pour notre part, la présence, avec voix délibérative, — comme en Italie, aux comités forestiers provinciaux, — d'un membre des corps élus communaux aux commissions locales d'aménagement dont nous avons parlé. De cette façon, intéressées directement aux débats sur les questions de culture et d'aménagement, les municipalités comprendront peut-être que, quoique propriétaires, elles ne pourront jamais exclure la compétence indiscutable des agents de l'administration, sans se nuire à elles-mêmes, sans nuire aux générations futures, surtout en présence de tous les intérêts du pays élevant la voix et réclamant une extension rapide du domaine forestier.

CHAPITRE IV

LÉGISLATION COMPARÉE

§ I. — États-Unis.

Il a fallu du temps aux États-Unis d'Amérique pour comprendre l'importance du rôle joué par les forêts dans l'économie rurale d'un pays. Ils ont d'abord pensé qu'ils pouvaient abandonner sans réserve à la satisfaction des besoins d'une population croissante leurs immenses surfaces boisées. Ces richesses forestières leur semblaient inépuisables. De là dans l'exploitation une tolérance aveugle et qui n'a pas tardé à engendrer le plus effréné gaspillage.

Les colons nouveaux, forts de l'exemple qu'ils avaient sous les yeux, ont coupé à tort et à travers, sans distinguer les essences précieuses de celles qui l'étaient moins, les uns pour se chauffer avec économie, d'autres pour se construire de magnifiques habitations ou créer de simples abris. Le bois n'a pas seulement alimenté les locomotives, on l'a aussi employé à combler des précipices sur lesquels on a jeté des voies ferrées.

On pourrait multiplier les exemples de cette dilapidation.

Qu'en est-il résulté ?

Des désordres incalculables. Dans plusieurs contrées, les sécheresses se sont mises à sévir à tel point que les tentatives de culture n'y sont même plus possibles ; dans d'autres, les âpres vents du Nord compromettent aujourd'hui la majeure partie des récoltes. Si dans certains endroits, où l'on a quelque peu épargné les forêts, les rivières maintiennent encore la terre dans cet état d'humidité si favorable au développement des plantes, là, au contraire, où la dévastation a transformé de vastes plaines, ombragées et fertiles, en steppes monotones et desséchées, les cours d'eau tarissent, et l'on est obligé de recourir à de coûteux travaux, de demander à l'industrie et à l'imagination des ingénieurs ce que la nature fournissait autrefois avec tant d'abondance.

Le gouvernement ne pouvait que s'émouvoir d'une aussi déplorable situation : il s'est ému. Témoin du mal, il a songé à le combattre. Il avait cependant été devancé, il est juste de le reconnaître, par l'initiative privée, qui, dans ce pays jeune, n'a pas expiré encore sous les entraves des administrations routinières. Elle avait élevé la voix, formulé les vœux les plus pressants. Vers 1882, une association s'était formée (*American forestry Association*) en vue de préserver les forêts d'une destruction inévitable ; elle avait demandé au pouvoir législatif des aménagements rationnels, l'établissement de centres de repeuplement, la fixation de réserves à imposer en proportion des surfaces livrées à l'exploitation, la création d'un corps de forestiers instruits et disciplinés à l'imitation du corps des forestiers français, enfin, l'obligation pour tout entrepreneur d'obtenir des autorités locales une autorisation en due forme avant de commencer une coupe.

Une loi du 3 mars 1891 a répondu à ces sollicitations par des règles sur les exploitations et sur les reboisements. On a créé une division spéciale des forêts au département de l'agriculture. Le congrès a été jusqu'à voter des achats de forêts, au nom de la confédération ; il a essayé de favoriser les plantations en récompensant les efforts des propriétaires ; il a cherché à seconder les tentatives des colons, en étudiant avec eux et à ses frais les mesures à imposer dans l'intérêt de chaque territoire. Stimulées par cet exemple d'en haut, certaines provinces ont créé des sociétés particulières pour veiller à la conservation des terrains boisés.

C'est déjà quelque chose, c'est un réveil de toutes les volontés pour combattre le danger commun, mais ce n'est pas suffisant. Il n'existe encore aux États-Unis ni législation forestière, ni administration forestière ; et l'on entrevoit le jour où l'Amérique ne pourra continuer ses exportations de bois, où même elle n'aura plus chez elle de quoi alimenter sa propre industrie.

Il est temps qu'elle remédie au mal et qu'elle cherche le remède ailleurs que dans les inventions du célèbre Édison.

§ II. — **Belgique**.

La législation belge diffère très peu de la nôtre, dont elle s'est constamment inspirée pendant la première moitié de ce siècle. Si, tenant à innover, la Belgique a, par une loi du 20 décembre 1854, éliminé de ses divers règlements certaines dispositions qu'elle avait empruntées aux nôtres et qui étaient devenues quelque peu surannées, elle a conservé néanmoins les principes fondamentaux de notre code de 1827.

Les bois communaux sont toujours placés, chez elle, sous le régime forestier ; c'est la règle générale. Ceux-là seuls y échappent qui sont à moins d'un kilomètre d'une forêt soumise à ce régime, et ceux dont la contenance est inférieure à cinq hectares.

L'administration forestière est chargée en Belgique des mesures de conservation et de régie. En dehors des frais de surveillance, auxquels les communes contribuent selon les règlements, elle ne peut exiger d'elles une participation aux dépenses que dans les cas extraordinaires d'arpentage et de délimitation. C'est l'administration qui s'occupe du bornage des bois communaux, de leur aménagement, de l'adjudication des coupes et de la poursuite des délits.

La gestion est confiée à des agents, la surveillance à des gardes. Les communes ont un droit de présentation pour les gardes à nommer; leurs conseils municipaux, de même que les conseils d'administration pour les établissements publics, en déterminent le nombre. Ces auxiliaires sont en tout point assimilés aux gardes des forêts de l'Etat ; mais, chose à noter, le ministre ne peut les révoquer sans prendre l'avis des personnes morales qui les ont désignés à son choix. L'Etat avance tout l'argent nécessaire aux traitements de ces fonctionnaires, et chaque commune verse ensuite, à titre de remboursement, sa part contributive. Ce système a l'avantage de faire payer tout le monde sur les mêmes fonds. Il ne faut pas croire toutefois que les communes participent aux frais sans règle aucune et quel que soit le nombre des surveillants qu'il a plu à l'autorité de réclamer : on a réussi d'une manière très ingénieuse à les mettre à l'abri des dangers que pourraient leur faire courir les exigences de l'administration. On a décidé que les parts contributives seraient toutes proportionnelles à la surface boisée que chacune de ces personnes morales posséderait.

La tutelle de l'Etat n'est pas sans amener, dans bien des cas, la substitution du pouvoir central au pouvoir communal, qui ne donne plus alors qu'un simple avis. Dans la poursuite des délits, par exemple, toute l'initiative appartient à l'administration. Par leurs actes, les agents engagent la responsabilité des collectivités ; mais, comme la loi forestière est une loi d'exception, elle ne s'occupe pas des affaires sortant de sa compétence ; elle laisse à la commune intéressée tout son pouvoir, toute son autonomie, en un mot, toutes les attributions qui se concilient avec l'entretien en bon état des propriétés communales. De cet ordre sont les questions où il ne s'agit plus de la protection du sol forestier, de la conservation de ses richesses naturelles, mais seulement de la disposition des produits qu'il fournit.

§ III. — Prusse.

La propriété privée comprend, en Prusse, environ 59 0/0 du sol boisé contre 27 0/0 appartenant au domaine et 14 0/0 aux communes. En vue d'assurer la conservation des bois existants, de fixer le sol et de mieux aménager les eaux, la loi du 6 juillet 1875 créait déjà des forêts de protection et autorisait la formation d'associations forestières.

La loi du 14 août 1876 constitue aujourd'hui la législation en vigueur en ce qui concerne l'administration des propriétés communales pour les provinces de Prusse, Brandebourg, Posen, Silésie et Saxe. L'exploitation, qui jusque-là avait été laissée à l'initiative des propriétaires, est désormais soumise à la surveillance de l'Etat ; elle se fait d'après des plans approuvés par le président de gouvernement. On assujettit, à cette occasion, les communes à une série d'obligations très strictes. Si elles possèdent des terres incultes, impropres à l'agriculture, elles doivent les transformer en bois lorsque leurs ressources pécuniaires le leur permettent : c'est le conseil de district qui leur impose cette charge. En retour, l'État alloue aux communes une subvention temporaire ; elle est de vingt fois la valeur de l'impôt foncier dû, tous les ans, pour les terrains à planter d'arbres.

§ IV. — Wurtemberg.

Dans le Wurtemberg, c'est une loi du 16 août 1875 qui donne la surveillance et l'administration des bois communaux et des établissements publics au ministère de l'intérieur, aux grueries, aux grands bailliages, et à la direction des forêts. On fait d'abord dresser un plan de toutes les surfaces boisées. Ce travail est confié à des experts, qui agissent d'accord avec les représentants des communes, personnes morales intéressées. Puis, pour chaque année, on confectionne, d'après ce cadastre général, des plans spéciaux d'exploitation et de jouissance, qu'il faut suivre très exactement. Les agents forestiers, en ce qui concerne l'exécution des coupes et l'application des modes de jouissance établis, sont exclusivement aux ordres des autorités publiques ; pour le reste, ils ne relèvent que des communes et des corporations. Leur inaptitude peut provoquer leur destitution, qui implique une décision du gruyer et du grand bailli ; à défaut d'accord à ce sujet entre ces deux fonctionnaires, c'est la direction des forêts qui est appelée à statuer. Le trésor public supporte les frais de surveillance officielle, et les autres dépenses sont à la charge exclusive des propriétaires.

§ V—. Autriche-Hongrie

Jusqu'à ces derniers temps, les Autrichiens-Hongrois n'avaient, en matière d'économie forestière, que des connaissances très imparfaites. Bien loin de chercher à conserver soigneusement les 9.413.388 hectares environ de forêts dont les avait dotés la nature, ils n'hésitaient pas, pour agrandir la surface de leurs terres cultivables, à détruire par le feu de précieuses réserves d'arbres séculaires.

Si les forêts domaniales et celles des grands propriétaires s'exploitaient d'après un système à peu près rationnel, les bois des particuliers et surtout ceux des communes restaient dans un état de complet abandon. La loi surannée de 1807 n'avait fixé en fait d'aménagement aucune règle précise et pratique ; aucune obligation de reboiser n'avait été prévue ; les coupes n'avaient été l'objet d'aucune réglementation.

La loi du 11 juin 1879, véritable code forestier, a tracé le plan d'une utile organisation et prescrit des mesures favorables aux forêts. Si elle distingue, comme la plupart des lois modernes sur la matière, les forêts protectrices de celles qui ne le sont pas ; si cette classification ne peut être établie sans une entente préalable entre le comité administratif et le propriétaire, la liberté d'action de ce dernier se trouve soumise à des restrictions nombreuses. A toute époque de l'année, il est tenu de laisser visiter ses bois par des inspecteurs spéciaux chargés d'en constater l'état ; il doit présenter à la sanction de l'autorité compétente le plan d'aménagement auquel il s'est arrêté, et, une fois l'approbation obtenue, il est forcé de le suivre rigoureusement, s'il ne veut pas tomber sous le coup de la loi.

Le code du 11 juin 1879 permet d'interdire au possesseur les défrichements, le pâturage, certaines exploitations jugées funestes à la végétation dans toute espèce de forêts et *a fortiori* dans les forêts dites de protection; il prévoit et punit les délits commis dans leurs propriétés par les propriétaires eux-mêmes.

Dans les aménagements réguliers établis pour les bois domaniaux et pour ceux des communes, il est tenu compte de la situation, de l'état actuel des lieux, des besoins du propriétaire et du revenu rationnel. Ces aménagements ont pour but, outre la prospérité et le développement de la surface boisée, d'assurer un rapport aussi soutenu que possible, et de régler à la fois l'exploitation des arbres et l'utilisation des produits accessoires. C'est aux communes qu'incombe la charge d'y procéder dans le délai de cinq ans Le ministre de l'agriculture statue en dernier ressort sur les projets que lui soumettent les comités administratifs. Aux communes également incombe l'obligation de constituer un personnel de gestion et de surveillance.

Faute par elles de s'exécuter, les nominations de gardes sont faites d'office par l'autorité supérieure, des amendes importantes punissent cette inaction, et servent en outre à réprimer les dérogations aux modes de jouissance adoptés et les exploitations abusives.

§ VI. — **Russie.**

En Russie, les mesures prises pour la conservation des forêts ne sont pas antérieures à 1870. C'est à cette date qu'une commission spéciale fut nommée et chargée d'élaborer un projet sur la matière.

A cette époque, il est vrai, la Pologne appliquait des règlements déjà assez anciens. Ils imposaient à tout propriétaire de forêts de ne procéder à des coupes dans un but commercial ou industriel qu'après avoir soumis le plan d'exploitation à l'approbation de l'autorité compétente ; ils astreignaient à l'observation de certaines règles même les propriétaires qui ne soumettaient pas leurs bois à des coupes périodiques.

Mais il fallait une législation pour la Russie tout entière. Un avis du Conseil de l'Empire, approuvé par l'Empereur le 4 avril 1888, en prescrivit l'étude. Il distingue trois catégories de forêts : celles qui protègent contre les sables, les inondations et les éboulements ; celles qui sont nécessaires à l'alimentation des sources des fleuves ; celles dont la possession n'est l'objet d'aucune restriction. On surveille étroitement les premières à cause de leur utilité ; si on n'impose pas la conservation absolue des secondes, si on ne les assujettit pas à un mode déterminé d'exploitation, on exige du moins que leur étendue demeure la même. Ce sont des comités spéciaux institués dans chaque province qui reçoivent mission de procéder à cette classification des terrains boisés. Et il n'y a aucune distinction à faire entre les immeubles appartenant à l'Etat, à l'administration des apanages de la famille impériale, aux différentes associations des sociétés, aux particuliers. Ils tombent tous sous l'application du règlement de 1888.

Un comité conservateur règle les opérations d'aménagement nécessitées par l'état des forêts. Quel que soit le propriétaire, on peut lui interdire, dans l'intérêt général, soit de prendre des arbres, soit de faire paître des animaux.

Quant à ceux qui possèdent des bois protecteurs, s'ils ne sont pas disposés à faire les dépenses nécessaires d'entretien, comme on peut les y contraindre, l'Etat recourt à la voie de l'expropriation.

Des peines sévères sont infligées à ceux qui, par leurs infractions aux mesures législatives en vigueur, préjudicient à la sage conservation du domaine forestier.

§ VII. — **Suisse**.

Avant 1876, les cantons suisses avaient chacun leur législation forestière. Le gouvernement fédéral comprit qu'il était urgent de substituer aux règles diverses en vigueur un ensemble d'institutions uniformes pour tout le pays, de façon à poursuivre avec plus de chances de succès le but commun, que chaque localité ne pouvait atteindre séparément. Deux dangers, de plus en plus menaçants, provoquèrent cette coordination de toutes les lois cantonales : de terribles inondations à la suite d'éboulements survenus dans les régions élevées des montagnes, la perte certaine pour les générations futures de forêts autrefois considérables, si les pouvoirs publics tardaient à intervenir.

La Constitution, par son article 24, octroya à la Confédération un droit de haute surveillance sur la police des forêts, et une loi du 24 mars 1876 vint réglementer la propriété boisée. La population avait si bien conscience de l'utilité des mesures prises que, malgré la rigueur de certaines dispositions, malgré l'atteinte portée à l'autonomie cantonale, elle ne réclama pas, contrairement à l'usage, la soumission de la loi au vote populaire.

La loi de 1876 est encore appliquée aujourd'hui. La Confédération exerce une surveillance générale. Si les cantons ont conservé le droit de fixer les détails de leur législation, ils doivent tous respecter les principes de la loi fédérale. Le personnel forestier continue à être cantonal. Les contraventions restent toujours de la compétence des juridictions de chaque canton. Si les bois des particuliers n'échappent en aucune façon à la réglementation administrative, il est bon d'ajouter qu'on s'en occupe seulement quand on se trouve en présence de terrains boisés qui, sous la poussée des eaux, menacent de descendre dans les vallées. De là une classification nécessaire des forêts.

Cette méthode n'est pas celle de notre Code forestier, qui applique à tout le territoire le même régime, inutilement restrictif lorsqu'il interdit les défrichements dans certaines contrées de plaines, insuffisant lorsqu'il abandonne à la prudence des propriétaires l'aménagement de forêts d'essences résineuses situées sur des versants de montagnes.

En Suisse, toutes les forêts protectrices sont donc placées sous la surveillance de l'administration supérieure ; et les forêts de l'État, des communes et des corporations y sont soumises également, alors même qu'on ne leur reconnaît aucune utilité de protection.

En ce qui concerne la propriété des forêts communales, il est à remarquer qu'on ne peut aliéner ces immeubles des communes sans l'autorisation du gouvernement du canton ; quant à leur jouissance, qu'on détermine la possibilité annuelle d'après le rapport soutenu pendant un certain nombre de révolutions Le gouvernement peut seul permettre de dépasser cette limite. Si, par suite de circonstances exceptionnelles ou d'irrégularités volontaires, elle n'est pas respectée, on évalue la quantité abusivement abattue, et l'on diminue d'autant les coupes des années suivantes jusqu'au rétablissement complet de l'équilibre dans l'exploitation.

§ VIII. — Valais.

La législation forestière du Valais, l'un des cantons les plus importants de la Suisse, se signale tout particulièrement à l'attention par quelques-unes de ses dispositions à la fois précises et rigoureuses. En vue d'assurer l'amélioration constante du territoire boisé, elle ne s'occupe pas seulement des propriétés communales, elle applique encore ses prescriptions aux bois des particuliers. Comme ceux des communes, ces derniers se trouvent soumis au régime forestier et placés sous la surveillance étroite du gouvernement. Aucune coupe excédant vingt toises et aucun défrichement ne peuvent être entrepris sans un permis délivré par le Conseil d'État après expertise. Les abattages d'arbres ne sont possibles dans toute espèce de bois qu'après martelage, lorsqu'ils sont situés sur des pentes rapides et que leur exploitation peut causer des dommages au sol même de la forêt, aux propriétés voisines, aux routes, aux tunnels, aux habitations. Toute infraction à la loi entraîne la confiscation des produits abattus.

§ IX. — Italie.

L'Italie a transformé sa législation forestière, il n'y a pas vingt ans. S'inspirant des règlements en vigueur dans les pays voisins, repoussant toute mesure qui lui semblait nuisible au développement de la propriété boisée, elle s'est constitué un ensemble de règles fort sages, consacrées, le 20 juin 1877, par une loi importante, qu'un décret a complétée, le 10 février 1878. Bref, aux législations multiples qui existaient dans les diverses parties du royaume, elle a substitué une législation uniforme, très simple, qu'on pourrait presque proposer comme modèle à ceux qui font des lois pour la protection des forêts.

Il y a aujourd'hui en Italie, non compris la Toscane, environ trois millions et demi d'hectares de bois. Toutes ces forêts exercent sur le climat, sur l'alimentation des sources et des cours d'eau, sur la salubrité générale du pays, une influence considérable. Loin d'enserrer leur exploitation dans les mailles d'une réglementation à outrance, l'Italie s'est surtout laissé guider par des considérations d'intérêt public. Chez elle, la servitude forestière ne pèse pas indistinctement sur tous les immeubles boisés, mais particulièrement sur ceux dont le déboisement pourrait constituer un véritable danger. Ce danger est présumé jusqu'à preuve du contraire pour les bois situés à une certaine altitude, sur les sommets et les versants des montagnes ; mais il doit être contradictoirement constaté pour ceux qui se trouvent en dehors de cette zone. Pour cette constatation, la loi institue un comité et organise une procédure qui doit précéder l'assujettissement au régime forestier. Une fois jugée indispensable, la servitude forestière s'applique avec rigueur ; elle comporte non seulement l'interdiction de défricher, mais aussi l'obligation de se conformer à certaines règles d'aménagement préétablies. Et les bois des particuliers n'y échappent pas plus que les autres.

Si le Code français distingue entre les bois de l'État et des communes, d'une part, et les bois des particuliers, d'autre part ; s'il impose aux premiers la tutelle de l'administration, la loi italienne ne crée pas de régime spécial pour les bois des personnes morales. Mais elle contient des principes généraux de culture pour toutes les forêts sans distinction, lorsqu'elles se trouvent placées dans certaines conditions.

En vue de conserver au propriétaire la libre disposition de ses arbres, l'article 4 de la loi de 1877 a décidé que la culture et les coupes n'impliquent aucune autorisation préalable de l'autorité ; en outre, dans l'intérêt des richesses forestières et de la santé publique, il impose l'observation de prescriptions spéciales, émanant de comités forestiers et relatives à la consistance du sol et à la reproduction des bois. Chaque province possède un comité, composé du préfet de la province, président, de l'inspecteur et du sous-inspecteur des forêts, d'un ingénieur nommé par le ministre de l'agriculture, de l'industrie et du commerce, et de trois membres délégués par le conseil provincial. Chaque conseil communal y envoie un de ses élus, qui prend part, avec voix délibérative, aux travaux du comité pour tout ce qui concerne le territoire de la personne morale qu'il représente.

Une innovation très pratique a ouvert contre la décision de tous ces fonctionnaires un recours devant le conseil d'État, qui examine et statue après avoir entendu le rapport du conseil forestier. Tous les intérêts sont donc sauvegardés et on échappe ainsi en quelque sorte aux inconvénients d'une juridiction unique.

Une autre innovation, plus importante peut-être que la précédente, consiste dans la suppression de toute juridiction particulière, de toute jurisprudence spéciale en matière de délits forestiers. La loi italienne s'éloigne, sur ce point, singulièrement de notre Code de 1827, dont les dispositions relatives à la répression, lorsque les infractions portent atteinte à la conservation des territoires boisés, sont nombreuses et sévères.

L'Italie possède, comme nous, un personnel de surveillants. Au point de vue des salaires, il est à remarquer que les communes en payent les deux tiers et que la province fournit le reste. Nouvelle dérogation à ce qui existe en France, où ce payement est mis à la charge des communes.

Notons enfin que le montant des salaires et le nombre des gardes sont fixés par le conseil provincial et le comité forestier.

§ X. -- Suède et Norwège

Les deux pays les plus intéressants sous le rapport de la production ligneuse sont, assurément, la Suède et la Norwège. Le bois constitue en effet leur principale richesse.

Sur quarante millions et demi d'hectares de superficie, la Suède en a trente-six millions en forêts. Pendant l'année 1870, elle a pu livrer à la consommation de l'Europe trente-et-un millions de mètres cubes de bois, indispensables à l'industrie. Quinze pour cent des territoires boisés appartiennent à l'Etat, aux communes et aux établissements publics; quatre-vingt-cinq pour cent sont la propriété des particuliers.

Pour sauvegarder toutes ces richesses, d'autant plus précieuses que les besoins de l'industrie et du commerce s'accroissent continuellement, et que sans cesse diminue en Europe la surface des terrains boisés, que dénude une exploitation avide, il semble que de sages mesures devraient être prises par le législateur. Les statistiques officielles nous apprennent que la consommation, y compris l'exportation, dépasse d'un quart, tous les ans, la production de la Suède. Malgré le danger qui menace aujourd'hui tous les centres de production, la législation forestière dans ce pays est encore imparfaite.

Ce n'est qu'en 1866, le 2 juin, qu'une première loi a été votée pour l'aménagement des forêts publiques.

On l'a complétée depuis par celle du 19 novembre 1869 sur les attributions de l'administration forestière, puis, en 1871, par une ordonnance sur les écoles forestières et l'institut forestier.

On rencontre en Suède de vastes étendues de bois qui, sous le nom de communaux de district, sont la propriété des habitants. Le partage en est interdit par la loi de 1866. Elles sont régies par des administrations spéciales et locales, élues par les propriétaires eux-mêmes. Les administrateurs sont invités à faire, sous l'approbation de la direction générale des forêts, des règlements d'aménagement et de répartition des affouages. L'administration supérieure en surveille l'exécution, prévient ou réprime les gaspillages, restreint, autant que faire se peut, à la possibilité des bois les servitudes de pâturage et de pacage. Ses exigences donnent lieu, au besoin, à un recours devant l'autorité administrative.

En ce qui concerne les particuliers, on s'est toujours heurté à des résistances invincibles, lorsqu'on a voulu leur faire comprendre la nécessité des aménagements réguliers. L'État se borne, par suite, à mettre des inspecteurs instruits à la disposition de ceux qui veulent sortir de la routine traditionnelle et transformer rapidement le régime de leurs exploitations. Il est à remarquer, d'ailleurs, qu'une rigoureuse surveillance ne pourrait guère s'exercer utilement dans de vastes forêts comme celles qui existent en Suède.

On fait presque partout les coupes en jardinant. Les scieries s'éparpillent, s'installent au milieu des vallées, sur le flanc des montagnes. Le nombre des gardes chargés de faire respecter les règlements devrait être si considérable que le budget succomberait sous le poids des salaires à payer.

Nous trouvons en Norwège des communaux qui se sont formés d'eux-mêmes, comme ceux de la Suède, au moment où les forêts n'appartenaient à personne. Une loi du 12 octobre 1857 a organisé en leur faveur des administrations particulières, autorisées à établir et à pratiquer les aménagements les plus favorables à la production ainsi qu'à la conservation des bois susceptibles d'exploitations périodiques. L'autorité supérieure approuve ces aménagements, qu'on doit lui soumettre, et, en cas de refus de sanction, l'assemblée générale des intéressés est tenue de se prononcer elle-même ou de renvoyer le litige à des arbitres.

A côté de ces communaux privés, on remarque les communaux de l'État. Il lui est loisible d'y pratiquer les modes de culture qu'il considère comme les plus avantageux. Il a toutefois certaines précautions à prendre. Elles s'expliquent par le caractère du droit de propriété en quelque sorte secondaire qu'il a conservé sur ces biens, lorsqu'il les a aliénés sans réserve, pour satisfaire à des besoins pressants d'argent.

En résumé, la Suède et la Norwège n'ont pas encore de lois forestières comme celles que nous avons rencontrées dans la plupart des pays d'Europe. Un jour viendra probablement où, cédant à la nécessité, elles feront appel au concours du législateur et demanderont, dans l'intérêt de leurs richesses forestières, d'énergiques mesures de protection.

CONCLUSION

Que conclure de ce qui précède?

Nous avons passé en revue les réformes proposées, et nous avons constaté l'existence de trois systèmes différents :

1° L'expropriation par l'Etat du domaine forestier des communes, moyennant certaines compensations ;

2° La suppression du régime forestier et, par suite, la liberté laissée aux municipalités d'administrer et d'exploiter leurs forêts comme bon leur semblerait ;

3° Le maintien, après modifications, du régime établi par le Code de 1827.

Nous ne nous sommes prononcé ni pour l'un ni pour l'autre des deux premiers systèmes; le troisième nous a paru préférable.

Nous avons vu que les communes n'ont jamais demandé à céder au Domaine leurs propriétés boisées.

L'achat des bois communaux par l'Etat constituerait, d'ailleurs, une très lourde dépense, et notre budget, déjà si surchargé, ne pourrait guère la supporter aujourd'hui.

Au surplus, et quelle que soit l'importance de l'inté-

rêt général qu'il s'agit de sauvegarder, se figure-t-on
l'Etat devenant propriétaire de ces vastes immeubles,
alors que s'étudient et que le pays ne cesse de réclamer des projets de décentralisation administrative ?

Quant à l'absence de tout contrôle et de toute surveillance dans l'exploitation de leurs bois, les communes en sont-elles si désireuses ? Elles ont toujours
senti la nécessité de l'intervention, dans cette exploitation, d'agents spéciaux, pourvus de connaissances
techniques très étendues. Si parfois elles ont élevé la
voix, elles l'ont fait pour protester contre leur mise à
l'écart, alors que se discutait l'aménagement de leurs
forêts ; elles ont voulu que l'on tienne compte de leurs
avis sur des modes d'exploitation qu'elles jugent dé-
fectueux, nuisibles à la prospérité de leurs immeubles
boisés ; enfin, elles ont tenu à faire comprendre
qu'elles ont le droit de participer d'une manière plus
directe à l'administration des biens dont elles sont
seules propriétaires.

A tous égards, le maintien de la soumission des bois
communaux au régime forestier s'impose ; mais il est
nécessaire de faire subir à la législation actuelle quelques modifications.

Nous avons admis les raisons qui militent en faveur
de la tutelle de l'Etat. Deux intérêts distincts et non
moins importants l'un que l'autre sont ici en présence:
d'un côté, celui des communes, de l'autre, celui des générations futures, dont les droits sont aussi étendus.
aussi incontestables que ceux des générations présentes.

La surveillance administrative se recommande encore si l'on désire maintenir la salubrité du pays et la vitalité des nombreuses industries que la conservation des bois intéresse au premier chef.

Contre l'émancipation des communes, les législations étrangères nous fournissent aussi des arguments irrésistibles.

Avant de les résumer, rappelons à l'honneur de notre pays que notre code forestier a, comme notre code civil, inspiré tous les législateurs de l'Europe, et qu'en Amérique, les Etats-Unis ont calqué en partie sur la nôtre leur législation forestière. On a presque partout emprunté à nos lois leurs principes généraux, tout ce qu'elles ont d'essentiel, d'utile et de pratique, se bornant à en modifier les dispositions surannées, en raison des besoins de la consommation, du développement de la population, des conditions économiques de la société.

L'idée qui se retrouve à chaque pas dans les diverses législations d'Europe, c'est la protection des propriétés communales. Partout on s'efforce de réprimer les excès de jouissance, de prévenir la destruction abusive et progressive des forêts ; on veut forcer les générations présentes à transmettre aux générations futures, pour qu'elles puissent en user, comme nous, d'une façon raisonnable, des biens qui sont à tous sans appartenir privativement à personne.

Aujourd'hui les Etats-Unis se réveillent à l'idée que leur production ligneuse périclite de plus en plus et que la perte de leurs forêts, autrefois si vastes et si riches. compromet la culture dans nombre de régions.

La Russie aménage ses forêts, sans faire de distinction ; elle place même celles des particuliers sous l'œil vigilant de l'administration supérieure.

L'Autriche-Hongrie, sortie de ses anciens errements, fait peser lourdement sur les communes l'obligation de réparer les pertes qui, pendant de longues années, ont été la conséquence d'une inexpérience fâcheuse.

La Belgique, dont les lois forestières étaient une copie des nôtres, a rajeuni sa législation sur quelques points de détail.

La Suisse, malgré l'active surveillance que les gouvernements cantonaux font exercer, a tenu à soumettre ses bois, par un article spécial de sa constitution, à la haute police de la confédération.

La législation italienne, pour trancher sur les autres, s'est efforcée de laisser les communes jouir des prérogatives du droit de propriété ; elle les fait participer aux délibérations des comités forestiers ; elle les soulage d'une partie du traitement des gardes ; enfin, elle les soumet au droit commun pour la répression des délits. Toutefois, sans se laisser éblouir par ces innovations, assez heureuses pourtant, il importe de ne pas oublier que l'administration supérieure impose aux communes des principes généraux de culture et d'aménagement, et qu'en somme, la protection, pour être moins lourde qu'ailleurs, n'en subsiste pas moins dans ce pays.

Quant à la Suède et à la Norwège, si aucune restric-

tion n'est encore venue limiter la liberté d'exploitation
et de disposition, cela, nous l'avons vu, peut s'expliquer par l'immensité des forêts qui s'y trouvent. Seulement, les abus résultant de l'absence de toute réglementation y ont provoqué quelques essais de réforme,
qui prouvent qu'un jour ou l'autre toutes les questions
de protection et de conservation du domaine forestier
y seront abordées, sinon entièrement résolues.

Il faut noter aussi d'une façon toute spéciale que les
bois n'ont pas seuls éveillé l'attention des législateurs;
dans plusieurs pays, on s'est intéressé à la question des
pâturages, dont la solution dans un sens favorable à la
liberté absolue peut avoir pour les forêts d'aussi graves
conséquences qu'un désordre effréné dans la culture
et dans l'exploitation.

Les dispositions législatives étrangères, sauf peut-
être celles qui sont en vigueur dans la péninsule itali-
que, ne peuvent donc servir de base à une argumenta-
tion en faveur de l'émancipation des forêts communales.
Aussi, bien convaincu que cette émancipation n'est pas
à désirer et qu'on ne serait pas longtemps à demander
si jamais la loi l'autorisait, que tous ces biens d'une
nature exceptionnelle soient de nouveau placés sous la
tutelle de l'administration, terminerons-nous cette
étude en appelant l'attention sur des réformes qu'il
importe d'opérer :

1° Supprimer tous les quarts en réserve ; remplacer
les ressources qu'ils sont appelés à fournir, en cas de
sinistres, par un supplément de taxe affouagère à payer
par les habitants des communes ;

2° Réglementer les droits de pâturage communaux ; résoudre, comme on l'a fait en Suisse, l'intéressant problème de la substitution de la race bovine à la race ovine dans les troupeaux admis dans les forêts ;

3° Opérer la délimitation et le bornage des bois communaux qui n'ont pas été l'objet de ces mesures de protection ;

4° Mettre un terme à l'abus des menus produits ;

5° Créer dans les forêts des communes toutes les routes nécessaires pour la vidange des coupes ;

6° Améliorer le service de surveillance et en même temps le sort des gardes forestiers ;

7° Provoquer l'intervention pécuniaire de l'État, et amener le gouvernement à venir en aide aux communes pauvres, pour transformer des aménagements vicieux en aménagements conformes aux intérêts communaux ;

8° Réviser et compléter les règles générales indiquant la ligne de conduite à suivre dans les aménagements ;

9° Établir, sous l'autorité de la commission supérieure d'aménagement, d'autres commissions permanentes et, pour ainsi dire, locales, dans chaque région caractérisée par certaines conditions de climat et de topographie, par certaines nécessités industrielles ou commerciales ;

10° Intéresser les municipalités à la gestion de leurs immeubles boisés, en autorisant la présence, avec voix délibérative, d'un ou plusieurs membres du conseil municipal de chaque commune dans les commissions locales d'aménagement.

Cet ensemble de réformes, qu'on pourrait, au besoin, compléter, contribuerait, croyons-nous, à la conservation des forêts communales, l'un des plus utiles ornements et, en même temps, l'une des principales richesses de la France.

TABLE DES MATIÈRES

—

POSITIONS DE DROIT ROMAIN

Positions prises dans la thèse.

I. Le pupille, avec l'*auctoritas tutoris*, pouvait nommer un *institor* ; mais il lui était impossible de constituer un pécule à son esclave, même avec l'*auctoritas tutoris*.

II. On a toujours établi, en droit romain, une distinction entre le *nuntius* et le *procurator*.

III. Les actions *adjectitiœ qualitatis* ont toujours conservé leur utilité, malgré le paragraphe 8, livre 10, titre 7 des Instututes de Justinien.

IV. Le sénatus-consulte Velléien n'empêchait pas la femme de préposer un *institor* à un commerce.

Positions prises hors de la thèse.

I. Au temps du Bas-Empire, le principe de la représentation *per liberam personam* était admis au profit du tuteur et du curateur.

II. Les actions noxales se rattachent à l'origine des délits ; elles dérivent des transformations de la vengeance privée.

III. L'action *exercitoria* était antérieure à l'action *institoria*.

IV. Le *nexum* fut la première forme du prêt d'argent.

POSITIONS DE DROIT FRANÇAIS

POSITIONS PRISES DANS LA THÈSE

I. Il serait inexact de soutenir que tous les usages forestiers
dérivent de concessions seigneuriales.

II. Le cantonnement ne remonte pas à une époque antérieure
au dix-huitième siècle.

III. L'administration forestière doit avoir l'action publique,
en même temps que l'action civile, en matière de répression des délits forestiers.

IV. Les délits de chasse, commis dans les bois soumis au
régime forestier, doivent être poursuivis par l'administration forestière.

POSITIONS PRISES HORS DE LA THÈSE

Droit civil

I. L'usage forestier est une servitude et non un droit de copropriété.

II. En matière civile, notre législation a pris le milieu entre
le système de la preuve légale et le système de la
preuve simple.

III. Les facultés légales ou naturelles ne s'éteignent pas
par la prescription.

IV. L'article 2265 du Code civil ne s'applique pas en matière
de servitude.

V. On ne doit pas voir dans le livre du commerçant, opposé à un non-commerçant, le commencement de preuve par écrit de l'article 1347 du Code civil, et conclure à la possibilité de la preuve par témoins.

Droit criminel

I. Nulle juridiction répressive, à l'exception de la Cour d'assises, ne peut statuer sur les dommages et intérêts de la partie civile, en dehors de toute condamnation.

Droit constitutionnel

II. Il serait désirable d'allonger la durée du mandat des députés, et de remplacer le renouvellement intégral de la Chambre par le renouvellement partiel.

Droit administratif

III. L'article 542 du Code civil donne une définition tout à fait inexacte des biens communaux.

IV. Les Chambres de commerce sont des établissements publics et non d'utilité publique, malgré le décret de 1852.

VU :

Le Président de la thèse,
HENRY MICHEL.

VU :

Le Doyen de la Faculté,
COLMET DE SANTERRE.

VU ET PERMIS D'IMPRIMER :
Le Vice-Recteur de l'Académie de Paris,
GRÉARD.

Laval. — Imp. et stér. E. JANIN, 8, rue Ricordaine.

RED. :

22

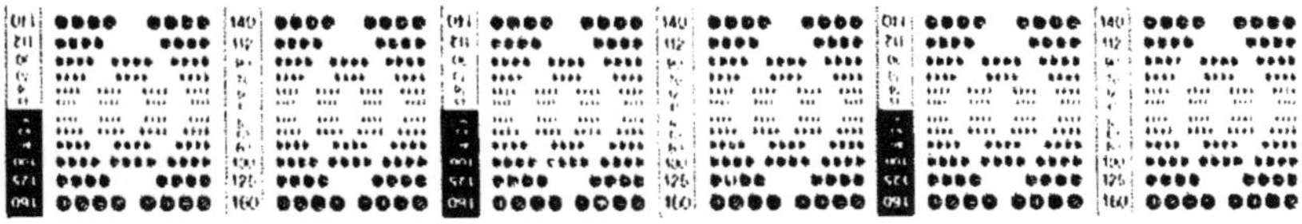

0 1 2 3 4 5 6 7 8 9 10